Name:__ I0786231 __Number:________________

Size: Small___   Medium___   Large ___

Ankle: 1. __   2. ___   3. ___   4. ___   5. ___

Arch: 1. __   2. ___   3. ___   4. ___   5. ___

Nails: 1. __   2. ___   3. ___   4. ___   5. ___

Toes: 1. __   2. ___   3. ___   4. ___   5. ___

Sole: 1. __   2. ___   3. ___   4. ___   5. ___

Foot massage?   Yes:___ No:___ Maybe:___

Foot play?   Yes:___ No:___ Maybe:___

Smell: 1. __   2. ___   3. ___   4. ___   5. ___

Taste: 1. __   2. ___   3. ___   4. ___   5. ___

Socks: 1. __   2. ___   3. ___   4. ___   5. ___

Shoes: 1. __   2. ___   3. ___   4. ___   5. ___

Name:______________________________**Number:**_______________

Size: **Small**___ **Medium**___ **Large**___

Ankle: **1.** ___ **2.** ___ **3.** ___ **4.** ___ **5.** ___

Arch: **1.** ___ **2.** ___ **3.** ___ **4.** ___ **5.** ___

Nails: **1.** ___ **2.** ___ **3.** ___ **4.** ___ **5.** ___

Toes: **1.** ___ **2.** ___ **3.** ___ **4.** ___ **5.** ___

Sole: **1.** ___ **2.** ___ **3.** ___ **4.** ___ **5.** ___

Foot massage? **Yes:**___ **No:**___ **Maybe:**___

Foot play?   **Yes:**___ **No:**___ **Maybe:**___

Smell: **1.** ___ **2.** ___ **3.** ___ **4.** ___ **5.** ___

Taste: **1.** ___ **2.** ___ **3.** ___ **4.** ___ **5.** ___

Socks: **1.** ___ **2.** ___ **3.** ___ **4.** ___ **5.** ___

Shoes: **1.** ___ **2.** ___ **3.** ___ **4.** ___ **5.** ___

Name:_______________________________Number:______________

Size: **Small**___ **Medium**___ **Large**___

Ankle: 1. ___ 2. ___ 3. ___ 4. ___ 5. ___

Arch: 1. ___ 2. ___ 3. ___ 4. ___ 5. ___

Nails: 1. ___ 2. ___ 3. ___ 4. ___ 5. ___

Toes: 1. ___ 2. ___ 3. ___ 4. ___ 5. ___

Sole: 1. ___ 2. ___ 3. ___ 4. ___ 5. ___

Foot massage? **Yes:**___ **No:**___ **Maybe:**___

Foot play?   **Yes:**___ **No:**___ **Maybe:**___

Smell: 1. ___ 2. ___ 3. ___ 4. ___ 5. ___

Taste: 1. ___ 2. ___ 3. ___ 4. ___ 5. ___

Socks: 1. ___ 2. ___ 3. ___ 4. ___ 5. ___

Shoes: 1. ___ 2. ___ 3. ___ 4. ___ 5. ___

Name:________________________________**Number:**______________

Size: Small___   Medium___   Large ___

Ankle: 1. ___ 2. ___ 3. ___ 4. ___ 5. ___

Arch: 1. ___ 2. ___ 3. ___ 4. ___ 5. ___

Nails: 1. ___ 2. ___ 3. ___ 4. ___ 5. ___

Toes: 1. ___ 2. ___ 3. ___ 4. ___ 5. ___

Sole: 1. ___ 2. ___ 3. ___ 4. ___ 5. ___

Foot massage? Yes:___ No:___ Maybe:___

Foot play?   Yes:___ No:___ Maybe:___

Smell: 1. ___ 2. ___ 3. ___ 4. ___ 5. ___

Taste: 1. ___ 2. ___ 3. ___ 4. ___ 5. ___

Socks: 1. ___ 2. ___ 3. ___ 4. ___ 5. ___

Shoes: 1. ___ 2. ___ 3. ___ 4. ___ 5. ___

Name:_________________________________Number:_______________

Size: **Small___**   **Medium___**   **Large ___**

Ankle: 1. __   2. ___   3. ___   4. ___   5. ___

Arch: 1. __   2. ___   3. ___   4. ___   5. ___

Nails: 1. __   2. ___   3. ___   4. ___   5. ___

Toes: 1. __   2. ___   3. ___   4. ___   5. ___

Sole: 1. __   2. ___   3. ___   4. ___   5. ___

Foot massage?   **Yes:__ No:__ Maybe:__**

Foot play?   **Yes:__ No:__ Maybe:__**

Smell: 1. __   2. ___   3. ___   4. ___   5. ___

Taste: 1. __   2. ___   3. ___   4. ___   5. ___

Socks: 1. __   2. ___   3. ___   4. ___   5. ___

Shoes: 1. __   2. ___   3. ___   4. ___   5. ___

Name:____________________________________Number:______________

Size: **Small___ Medium___ Large ___**

Ankle: **1. ___ 2. ___ 3. ___ 4. ___ 5. ___**

Arch: **1. ___ 2. ___ 3. ___ 4. ___ 5. ___**

Nails: **1. ___ 2. ___ 3. ___ 4. ___ 5. ___**

Toes: **1. ___ 2. ___ 3. ___ 4. ___ 5. ___**

Sole: **1. ___ 2. ___ 3. ___ 4. ___ 5. ___**

Foot massage? **Yes:___ No:___ Maybe:___**

Foot play? **Yes:___ No:___ Maybe:___**

Smell: **1. ___ 2. ___ 3. ___ 4. ___ 5. ___**

Taste: **1. ___ 2. ___ 3. ___ 4. ___ 5. ___**

Socks: **1. ___ 2. ___ 3. ___ 4. ___ 5. ___**

Shoes: **1. ___ 2. ___ 3. ___ 4. ___ 5. ___**

Name:_______________________________**Number:**_____________

Size: **Small**___ **Medium**___ **Large** ___

Ankle: 1. ___ 2. ___ 3. ___ 4. ___ 5. ___

Arch: 1. ___ 2. ___ 3. ___ 4. ___ 5. ___

Nails: 1. ___ 2. ___ 3. ___ 4. ___ 5. ___

Toes: 1. ___ 2. ___ 3. ___ 4. ___ 5. ___

Sole: 1. ___ 2. ___ 3. ___ 4. ___ 5. ___

Foot massage? **Yes:**___ **No:**___ **Maybe:**___

Foot play? **Yes:**___ **No:**___ **Maybe:**___

Smell: 1. ___ 2. ___ 3. ___ 4. ___ 5. ___

Taste: 1. ___ 2. ___ 3. ___ 4. ___ 5. ___

Socks: 1. ___ 2. ___ 3. ___ 4. ___ 5. ___

Shoes: 1. ___ 2. ___ 3. ___ 4. ___ 5. ___

Name:________________________________**Number:**________________

Size: **Small**___ **Medium**___ **Large** ___

Ankle: 1. ___ 2. ___ 3. ___ 4. ___ 5. ___

Arch: 1. ___ 2. ___ 3. ___ 4. ___ 5. ___

Nails: 1. ___ 2. ___ 3. ___ 4. ___ 5. ___

Toes: 1. ___ 2. ___ 3. ___ 4. ___ 5. ___

Sole: 1. ___ 2. ___ 3. ___ 4. ___ 5. ___

Foot massage? **Yes:**___ **No:**___ **Maybe:**___

Foot play?   **Yes:**___ **No:**___ **Maybe:**___

Smell: 1. ___ 2. ___ 3. ___ 4. ___ 5. ___

Taste: 1. ___ 2. ___ 3. ___ 4. ___ 5. ___

Socks: 1. ___ 2. ___ 3. ___ 4. ___ 5. ___

Shoes: 1. ___ 2. ___ 3. ___ 4. ___ 5. ___

Name:________________________________Number:______________

Size: **Small**___   **Medium**___   **Large** ___

Ankle: 1. ___   2. ___   3. ___   4. ___   5. ___

Arch: 1. ___   2. ___   3. ___   4. ___   5. ___

Nails: 1. ___   2. ___   3. ___   4. ___   5. ___

Toes: 1. ___   2. ___   3. ___   4. ___   5. ___

Sole: 1. ___   2. ___   3. ___   4. ___   5. ___

Foot massage?   Yes:___ No:___ Maybe:___

Foot play?   Yes:___ No:___ Maybe:___

Smell: 1. ___   2. ___   3. ___   4. ___   5. ___

Taste: 1. ___   2. ___   3. ___   4. ___   5. ___

Socks: 1. ___   2. ___   3. ___   4. ___   5. ___

Shoes: 1. ___   2. ___   3. ___   4. ___   5. ___

Name:________________________________**Number:**________________

Size: **Small**___ **Medium**___ **Large** ___

Ankle: 1. ___ 2. ___ 3. ___ 4. ___ 5. ___

Arch: 1. ___ 2. ___ 3. ___ 4. ___ 5. ___

Nails: 1. ___ 2. ___ 3. ___ 4. ___ 5. ___

Toes: 1. ___ 2. ___ 3. ___ 4. ___ 5. ___

Sole: 1. ___ 2. ___ 3. ___ 4. ___ 5. ___

Foot massage? Yes:___ No:___ Maybe:___

Foot play?   Yes:___ No:___ Maybe:___

Smell: 1. ___ 2. ___ 3. ___ 4. ___ 5. ___

Taste: 1. ___ 2. ___ 3. ___ 4. ___ 5. ___

Socks: 1. ___ 2. ___ 3. ___ 4. ___ 5. ___

Shoes: 1. ___ 2. ___ 3. ___ 4. ___ 5. ___

Name:_________________________________Number:_______________

Size: Small___ Medium___ Large ___

Ankle: 1. ___ 2. ___ 3. ___ 4. ___ 5. ___

Arch: 1. ___ 2. ___ 3. ___ 4. ___ 5. ___

Nails: 1. ___ 2. ___ 3. ___ 4. ___ 5. ___

Toes: 1. ___ 2. ___ 3. ___ 4. ___ 5. ___

Sole: 1. ___ 2. ___ 3. ___ 4. ___ 5. ___

Foot massage? Yes:___ No:___ Maybe:___

Foot play? Yes:___ No:___ Maybe:___

Smell: 1. ___ 2. ___ 3. ___ 4. ___ 5. ___

Taste: 1. ___ 2. ___ 3. ___ 4. ___ 5. ___

Socks: 1. ___ 2. ___ 3. ___ 4. ___ 5. ___

Shoes: 1. ___ 2. ___ 3. ___ 4. ___ 5. ___

Name:________________________________Number:______________

Size: Small___   Medium___   Large ___

Ankle: 1. ___ 2. ___ 3. ___ 4. ___ 5. ___

Arch: 1. ___ 2. ___ 3. ___ 4. ___ 5. ___

Nails: 1. ___ 2. ___ 3. ___ 4. ___ 5. ___

Toes: 1. ___ 2. ___ 3. ___ 4. ___ 5. ___

Sole: 1. ___ 2. ___ 3. ___ 4. ___ 5. ___

Foot massage? Yes:___ No:___ Maybe:___

Foot play?   Yes:___ No:___ Maybe:___

Smell: 1. ___ 2. ___ 3. ___ 4. ___ 5. ___

Taste: 1. ___ 2. ___ 3. ___ 4. ___ 5. ___

Socks: 1. ___ 2. ___ 3. ___ 4. ___ 5. ___

Shoes: 1. ___ 2. ___ 3. ___ 4. ___ 5. ___

Name:________________________________Number:______________

Size: Small___ Medium___ Large ___

Ankle: 1. ___ 2. ___ 3. ___ 4. ___ 5. ___

Arch: 1. ___ 2. ___ 3. ___ 4. ___ 5. ___

Nails: 1. ___ 2. ___ 3. ___ 4. ___ 5. ___

Toes: 1. ___ 2. ___ 3. ___ 4. ___ 5. ___

Sole: 1. ___ 2. ___ 3. ___ 4. ___ 5. ___

Foot massage? Yes:___ No:___ Maybe:___

Foot play?   Yes:___ No:___ Maybe:___

Smell: 1. ___ 2. ___ 3. ___ 4. ___ 5. ___

Taste: 1. ___ 2. ___ 3. ___ 4. ___ 5. ___

Socks: 1. ___ 2. ___ 3. ___ 4. ___ 5. ___

Shoes: 1. ___ 2. ___ 3. ___ 4. ___ 5. ___

Name:_______________________________**Number:**_______________

Size: Small___   Medium___   Large ___

Ankle: 1. __   2. ___   3. ___   4. ___   5. ___

Arch: 1. __   2. ___   3. ___   4. ___   5. ___

Nails: 1. __   2. ___   3. ___   4. ___   5. ___

Toes: 1. __   2. ___   3. ___   4. ___   5. ___

Sole: 1. __   2. ___   3. ___   4. ___   5. ___

Foot massage? Yes:__ No:__ Maybe:__

Foot play?   Yes:__ No:__ Maybe:__

Smell: 1. __   2. ___   3. ___   4. ___   5. ___

Taste: 1. __   2. ___   3. ___   4. ___   5. ___

Socks: 1. __   2. ___   3. ___   4. ___   5. ___

Shoes: 1. __   2. ___   3. ___   4. ___   5. ___

Name:________________________________**Number:**______________

Size: **Small**___ **Medium**___ **Large** ___

Ankle: 1. ___ 2. ___ 3. ___ 4. ___ 5. ___

Arch: 1. ___ 2. ___ 3. ___ 4. ___ 5. ___

Nails: 1. ___ 2. ___ 3. ___ 4. ___ 5. ___

Toes: 1. ___ 2. ___ 3. ___ 4. ___ 5. ___

Sole: 1. ___ 2. ___ 3. ___ 4. ___ 5. ___

Foot massage? Yes:___ No:___ Maybe:___

Foot play?   **Yes:___ No:___ Maybe:___**

Smell: 1. ___ 2. ___ 3. ___ 4. ___ 5. ___

Taste: 1. ___ 2. ___ 3. ___ 4. ___ 5. ___

Socks: 1. ___ 2. ___ 3. ___ 4. ___ 5. ___

Shoes: 1. ___ 2. ___ 3. ___ 4. ___ 5. ___

Name:________________________________**Number:**________________

Size: **Small___   Medium___   Large ___**

Ankle: 1. ___ 2. ___ 3. ___ 4. ___ 5. ___

Arch: 1. ___ 2. ___ 3. ___ 4. ___ 5. ___

Nails: 1. ___ 2. ___ 3. ___ 4. ___ 5. ___

Toes: 1. ___ 2. ___ 3. ___ 4. ___ 5. ___

Sole: 1. ___ 2. ___ 3. ___ 4. ___ 5. ___

Foot massage? Yes:___ No:___ Maybe:___

Foot play?   Yes:___ No:___ Maybe:___

Smell: 1. ___ 2. ___ 3. ___ 4. ___ 5. ___

Taste: 1. ___ 2. ___ 3. ___ 4. ___ 5. ___

Socks: 1. ___ 2. ___ 3. ___ 4. ___ 5. ___

Shoes: 1. ___ 2. ___ 3. ___ 4. ___ 5. ___

Name:________________________________Number:________________

Size: **Small___ Medium___ Large ___**

Ankle: 1. __   2. ___   3. ___   4. ___   5. ___

Arch: 1. __   2. ___   3. ___   4. ___   5. ___

Nails: 1. __   2. ___   3. ___   4. ___   5. ___

Toes: 1. __   2. ___   3. ___   4. ___   5. ___

Sole: 1. __   2. ___   3. ___   4. ___   5. ___

Foot massage?   Yes:__ No:__ Maybe:__

Foot play?   Yes:__ No:__ Maybe:__

Smell: 1. __   2. ___   3. ___   4. ___   5. ___

Taste: 1. __   2. ___   3. ___   4. ___   5. ___

Socks: 1. __   2. ___   3. ___   4. ___   5. ___

Shoes: 1. __   2. ___   3. ___   4. ___   5. ___

Name:________________________________**Number:**______________

Size: Small___   Medium___   Large ___

Ankle: 1. ___   2. ___   3. ___   4. ___   5. ___

Arch: 1. ___   2. ___   3. ___   4. ___   5. ___

Nails: 1. ___   2. ___   3. ___   4. ___   5. ___

Toes: 1. ___   2. ___   3. ___   4. ___   5. ___

Sole: 1. ___   2. ___   3. ___   4. ___   5. ___

Foot massage? Yes:___ No:___ Maybe:___

Foot play?   Yes:___ No:___ Maybe:___

Smell: 1. ___   2. ___   3. ___   4. ___   5. ___

Taste: 1. ___   2. ___   3. ___   4. ___   5. ___

Socks: 1. ___   2. ___   3. ___   4. ___   5. ___

Shoes: 1. ___   2. ___   3. ___   4. ___   5. ___

Name:________________________________**Number:**______________

Size: **Small___ Medium___ Large ___**

Ankle: **1. ___ 2. ___ 3. ___ 4. ___ 5. ___**

Arch: **1. ___ 2. ___ 3. ___ 4. ___ 5. ___**

Nails: **1. ___ 2. ___ 3. ___ 4. ___ 5. ___**

Toes: **1. ___ 2. ___ 3. ___ 4. ___ 5. ___**

Sole: **1. ___ 2. ___ 3. ___ 4. ___ 5. ___**

Foot massage? Yes:___ No:___ Maybe:___

Foot play? Yes:___ No:___ Maybe:___

Smell: **1. ___ 2. ___ 3. ___ 4. ___ 5. ___**

Taste: **1. ___ 2. ___ 3. ___ 4. ___ 5. ___**

Socks: **1. ___ 2. ___ 3. ___ 4. ___ 5. ___**

Shoes: **1. ___ 2. ___ 3. ___ 4. ___ 5. ___**

Name:______________________________**Number:**______________

Size: Small___ Medium___ Large ___

Ankle: 1. ___ 2. ___ 3. ___ 4. ___ 5. ___

Arch: 1. ___ 2. ___ 3. ___ 4. ___ 5. ___

Nails: 1. ___ 2. ___ 3. ___ 4. ___ 5. ___

Toes: 1. ___ 2. ___ 3. ___ 4. ___ 5. ___

Sole: 1. ___ 2. ___ 3. ___ 4. ___ 5. ___

Foot massage? Yes:___ No:___ Maybe:___

Foot play?   Yes:___ No:___ Maybe:___

Smell: 1. ___ 2. ___ 3. ___ 4. ___ 5. ___

Taste: 1. ___ 2. ___ 3. ___ 4. ___ 5. ___

Socks: 1. ___ 2. ___ 3. ___ 4. ___ 5. ___

Shoes: 1. ___ 2. ___ 3. ___ 4. ___ 5. ___

Name:_________________________________Number:_______________

Size: Small___ Medium___ Large ___

Ankle: 1. ___ 2. ___ 3. ___ 4. ___ 5. ___

Arch: 1. ___ 2. ___ 3. ___ 4. ___ 5. ___

Nails: 1. ___ 2. ___ 3. ___ 4. ___ 5. ___

Toes: 1. ___ 2. ___ 3. ___ 4. ___ 5. ___

Sole: 1. ___ 2. ___ 3. ___ 4. ___ 5. ___

Foot massage? Yes:___ No:___ Maybe:___

Foot play?   Yes:___ No:___ Maybe:___

Smell: 1. ___ 2. ___ 3. ___ 4. ___ 5. ___

Taste: 1. ___ 2. ___ 3. ___ 4. ___ 5. ___

Socks: 1. ___ 2. ___ 3. ___ 4. ___ 5. ___

Shoes: 1. ___ 2. ___ 3. ___ 4. ___ 5. ___

Name:_______________________________**Number:**______________

Size: **Small**___   **Medium**___   **Large** ___

Ankle: 1. ___   2. ___   3. ___   4. ___   5. ___

Arch: 1. ___   2. ___   3. ___   4. ___   5. ___

Nails: 1. ___   2. ___   3. ___   4. ___   5. ___

Toes: 1. ___   2. ___   3. ___   4. ___   5. ___

Sole: 1. ___   2. ___   3. ___   4. ___   5. ___

Foot massage?   **Yes:**___ **No:**___ **Maybe:**___

Foot play?   **Yes:**___ **No:**___ **Maybe:**___

Smell: 1. ___   2. ___   3. ___   4. ___   5. ___

Taste: 1. ___   2. ___   3. ___   4. ___   5. ___

Socks: 1. ___   2. ___   3. ___   4. ___   5. ___

Shoes: 1. ___   2. ___   3. ___   4. ___   5. ___

Name:________________________________Number:______________

Size: Small___ Medium___ Large ___

Ankle: 1. ___ 2. ___ 3. ___ 4. ___ 5. ___

Arch: 1. ___ 2. ___ 3. ___ 4. ___ 5. ___

Nails: 1. ___ 2. ___ 3. ___ 4. ___ 5. ___

Toes: 1. ___ 2. ___ 3. ___ 4. ___ 5. ___

Sole: 1. ___ 2. ___ 3. ___ 4. ___ 5. ___

Foot massage? Yes:___ No:___ Maybe:___

Foot play?   Yes:___ No:___ Maybe:___

Smell: 1. ___ 2. ___ 3. ___ 4. ___ 5. ___

Taste: 1. ___ 2. ___ 3. ___ 4. ___ 5. ___

Socks: 1. ___ 2. ___ 3. ___ 4. ___ 5. ___

Shoes: 1. ___ 2. ___ 3. ___ 4. ___ 5. ___

Name:___________________________________Number:________________

Size: **Small___**   **Medium___**   **Large ___**

Ankle: **1. ___**   **2. ___**   **3. ___**   **4. ___**   **5. ___**

Arch: **1. ___**   **2. ___**   **3. ___**   **4. ___**   **5. ___**

Nails: **1. ___**   **2. ___**   **3. ___**   **4. ___**   **5. ___**

Toes: **1. ___**   **2. ___**   **3. ___**   **4. ___**   **5. ___**

Sole: **1. ___**   **2. ___**   **3. ___**   **4. ___**   **5. ___**

Foot massage?   **Yes:___ No:___ Maybe:___**

Foot play?   **Yes:___ No:___ Maybe:___**

Smell: **1. ___**   **2. ___**   **3. ___**   **4. ___**   **5. ___**

Taste: **1. ___**   **2. ___**   **3. ___**   **4. ___**   **5. ___**

Socks: **1. ___**   **2. ___**   **3. ___**   **4. ___**   **5. ___**

Shoes: **1. ___**   **2. ___**   **3. ___**   **4. ___**   **5. ___**

Name:________________________________**Number:**________________

Size: **Small__   Medium__   Large __**

Ankle: 1. __   2. __   3. __   4. __   5. __

Arch: 1. __   2. __   3. __   4. __   5. __

Nails: 1. __   2. __   3. __   4. __   5. __

Toes: 1. __   2. __   3. __   4. __   5. __

Sole: 1. __   2. __   3. __   4. __   5. __

Foot massage? Yes:__ No:__ Maybe:__

Foot play?   Yes:__ No:__ Maybe:__

Smell: 1. __   2. __   3. __   4. __   5. __

Taste: 1. __   2. __   3. __   4. __   5. __

Socks: 1. __   2. __   3. __   4. __   5. __

Shoes: 1. __   2. __   3. __   4. __   5. __

Name:___________________________**Number:**______________

Size: **Small**___ **Medium**___ **Large** ___

Ankle: 1. ___ 2. ___ 3. ___ 4. ___ 5. ___

Arch: 1. ___ 2. ___ 3. ___ 4. ___ 5. ___

Nails: 1. ___ 2. ___ 3. ___ 4. ___ 5. ___

Toes: 1. ___ 2. ___ 3. ___ 4. ___ 5. ___

Sole: 1. ___ 2. ___ 3. ___ 4. ___ 5. ___

Foot massage? Yes:___ **No:**___ **Maybe:**___

Foot play?   **Yes:**___ **No:**___ **Maybe:**___

Smell: 1. ___ 2. ___ 3. ___ 4. ___ 5. ___

Taste: 1. ___ 2. ___ 3. ___ 4. ___ 5. ___

Socks: 1. ___ 2. ___ 3. ___ 4. ___ 5. ___

Shoes: 1. ___ 2. ___ 3. ___ 4. ___ 5. ___

Name:_________________________________Number:_______________

Size: **Small**___ **Medium**___ **Large** ___

Ankle: 1. ___ 2. ___ 3. ___ 4. ___ 5. ___

Arch: 1. ___ 2. ___ 3. ___ 4. ___ 5. ___

Nails: 1. ___ 2. ___ 3. ___ 4. ___ 5. ___

Toes: 1. ___ 2. ___ 3. ___ 4. ___ 5. ___

Sole: 1. ___ 2. ___ 3. ___ 4. ___ 5. ___

Foot massage? **Yes:**___ **No:**___ **Maybe:**___

Foot play?   **Yes:**___ **No:**___ **Maybe:**___

Smell: 1. ___ 2. ___ 3. ___ 4. ___ 5. ___

Taste: 1. ___ 2. ___ 3. ___ 4. ___ 5. ___

Socks: 1. ___ 2. ___ 3. ___ 4. ___ 5. ___

Shoes: 1. ___ 2. ___ 3. ___ 4. ___ 5. ___

Name:_______________________________**Number:**______________

Size: **Small**___ **Medium**___ **Large** ___

Ankle: 1. ___ 2. ___ 3. ___ 4. ___ 5. ___

Arch: 1. ___ 2. ___ 3. ___ 4. ___ 5. ___

Nails: 1. ___ 2. ___ 3. ___ 4. ___ 5. ___

Toes: 1. ___ 2. ___ 3. ___ 4. ___ 5. ___

Sole: 1. ___ 2. ___ 3. ___ 4. ___ 5. ___

Foot massage? **Yes:**___ **No:**___ **Maybe:**___

Foot play? **Yes:**___ **No:**___ **Maybe:**___

Smell: 1. ___ 2. ___ 3. ___ 4. ___ 5. ___

Taste: 1. ___ 2. ___ 3. ___ 4. ___ 5. ___

Socks: 1. ___ 2. ___ 3. ___ 4. ___ 5. ___

Shoes: 1. ___ 2. ___ 3. ___ 4. ___ 5. ___

Name:_______________________________**Number:**_______________

Size: Small___   Medium___   Large ___

Ankle: 1. ___   2. ___   3. ___   4. ___   5. ___

Arch: 1. ___   2. ___   3. ___   4. ___   5. ___

Nails: 1. ___   2. ___   3. ___   4. ___   5. ___

Toes: 1. ___   2. ___   3. ___   4. ___   5. ___

Sole: 1. ___   2. ___   3. ___   4. ___   5. ___

Foot massage? Yes:___ No:___ Maybe:___

Foot play?   Yes:___ No:___ Maybe:___

Smell: 1. ___   2. ___   3. ___   4. ___   5. ___

Taste: 1. ___   2. ___   3. ___   4. ___   5. ___

Socks: 1. ___   2. ___   3. ___   4. ___   5. ___

Shoes: 1. ___   2. ___   3. ___   4. ___   5. ___

Name:______________________________**Number:**______________

Size: **Small**___   **Medium**___   **Large** ___

Ankle: 1. ___   2. ___   3. ___   4. ___   5. ___

Arch: 1. ___   2. ___   3. ___   4. ___   5. ___

Nails: 1. ___   2. ___   3. ___   4. ___   5. ___

Toes: 1. ___   2. ___   3. ___   4. ___   5. ___

Sole: 1. ___   2. ___   3. ___   4. ___   5. ___

Foot massage? Yes:___ **No:**___ **Maybe:**___

Foot play?   **Yes:**___ **No:**___ **Maybe:**___

Smell: 1. ___   2. ___   3. ___   4. ___   5. ___

Taste: 1. ___   2. ___   3. ___   4. ___   5. ___

Socks: 1. ___   2. ___   3. ___   4. ___   5. ___

Shoes: 1. ___   2. ___   3. ___   4. ___   5. ___

Name:________________________________Number:______________

Size: Small___   Medium___   Large ___

Ankle: 1. ___ 2. ___ 3. ___ 4. ___ 5. ___

Arch: 1. ___ 2. ___ 3. ___ 4. ___ 5. ___

Nails: 1. ___ 2. ___ 3. ___ 4. ___ 5. ___

Toes: 1. ___ 2. ___ 3. ___ 4. ___ 5. ___

Sole: 1. ___ 2. ___ 3. ___ 4. ___ 5. ___

Foot massage? Yes:___ No:___ Maybe:___

Foot play?   Yes:___ No:___ Maybe:___

Smell: 1. ___ 2. ___ 3. ___ 4. ___ 5. ___

Taste: 1. ___ 2. ___ 3. ___ 4. ___ 5. ___

Socks: 1. ___ 2. ___ 3. ___ 4. ___ 5. ___

Shoes: 1. ___ 2. ___ 3. ___ 4. ___ 5. ___

Name:_______________________________**Number:**_____________

Size: **Small**___ **Medium**___ **Large** ___

Ankle: 1. ___ 2. ___ 3. ___ 4. ___ 5. ___

Arch: 1. ___ 2. ___ 3. ___ 4. ___ 5. ___

Nails: 1. ___ 2. ___ 3. ___ 4. ___ 5. ___

Toes: 1. ___ 2. ___ 3. ___ 4. ___ 5. ___

Sole: 1. ___ 2. ___ 3. ___ 4. ___ 5. ___

Foot massage? **Yes:**___ **No:**___ **Maybe:**___

Foot play?   **Yes:**___ **No:**___ **Maybe:**___

Smell: 1. ___ 2. ___ 3. ___ 4. ___ 5. ___

Taste: 1. ___ 2. ___ 3. ___ 4. ___ 5. ___

Socks: 1. ___ 2. ___ 3. ___ 4. ___ 5. ___

Shoes: 1. ___ 2. ___ 3. ___ 4. ___ 5. ___

Name:______________________________**Number:**______________

Size: **Small**___   **Medium**___   **Large**___

Ankle: 1. ___ 2. ___   3. ___   4. ___   5. ___

Arch: 1. ___ 2. ___   3. ___   4. ___   5. ___

Nails: 1. ___ 2. ___   3. ___   4. ___   5. ___

Toes: 1. ___ 2. ___   3. ___   4. ___   5. ___

Sole: 1. ___ 2. ___   3. ___   4. ___   5. ___

Foot massage? Yes:___ No:___ Maybe:___

Foot play?   Yes:___ No:___ Maybe:___

Smell: 1. ___ 2. ___   3. ___   4. ___   5. ___

Taste: 1. ___ 2. ___   3. ___   4. ___   5. ___

Socks: 1. ___ 2. ___   3. ___   4. ___   5. ___

Shoes: 1. ___ 2. ___   3. ___   4. ___   5. ___

Name:________________________________**Number:**______________

Size: **Small___   Medium___   Large ___**

Ankle: 1. ___ 2. ___   3. ___   4. ___   5. ___

Arch: 1. ___ 2. ___   3. ___   4. ___   5. ___

Nails: 1. ___ 2. ___   3. ___   4. ___   5. ___

Toes: 1. ___ 2. ___   3. ___   4. ___   5. ___

Sole: 1. ___ 2. ___   3. ___   4. ___   5. ___

Foot massage? Yes:___ No:___ Maybe:___

Foot play?   Yes:___ No:___ Maybe:___

Smell: 1. ___ 2. ___   3. ___   4. ___   5. ___

Taste: 1. ___ 2. ___   3. ___   4. ___   5. ___

Socks: 1. ___ 2. ___   3. ___   4. ___   5. ___

Shoes: 1. ___ 2. ___   3. ___   4. ___   5. ___

Name:_________________________________Number:_______________

Size: **Small___ Medium___ Large ___**

Ankle: 1. __   2. ___   3. ___   4. ___   5. ___

Arch: 1. __   2. ___   3. ___   4. ___   5. ___

Nails: 1. __   2. ___   3. ___   4. ___   5. ___

Toes: 1. __   2. ___   3. ___   4. ___   5. ___

Sole: 1. __   2. ___   3. ___   4. ___   5. ___

Foot massage?   **Yes:__ No:__ Maybe:__**

Foot play?   **Yes:__ No:__ Maybe:__**

Smell: 1. __   2. ___   3. ___   4. ___   5. ___

Taste: 1. __   2. ___   3. ___   4. ___   5. ___

Socks: 1. ___   2. ___   3. ___   4. ___   5. ___

Shoes: 1. __   2. ___   3. ___   4. __   5. ___

Name:______________________________**Number:**______________

Size: **Small**___   **Medium**___   **Large** ___

Ankle: 1. ___ 2. ___ 3. ___ 4. ___ 5. ___

Arch: 1. ___ 2. ___ 3. ___ 4. ___ 5. ___

Nails: 1. ___ 2. ___ 3. ___ 4. ___ 5. ___

Toes: 1. ___ 2. ___ 3. ___ 4. ___ 5. ___

Sole: 1. ___ 2. ___ 3. ___ 4. ___ 5. ___

Foot massage? **Yes:**___ **No:**___ **Maybe:**___

Foot play?   **Yes:**___ **No:**___ **Maybe:**___

Smell: 1. ___ 2. ___ 3. ___ 4. ___ 5. ___

Taste: 1. ___ 2. ___ 3. ___ 4. ___ 5. ___

Socks: 1. ___ 2. ___ 3. ___ 4. ___ 5. ___

Shoes: 1. ___ 2. ___ 3. ___ 4. ___ 5. ___

Name:_______________________________**Number:**_______________

Size: **Small**___   **Medium**___   **Large** ___

Ankle: 1. ___   2. ___   3. ___   4. ___   5. ___

Arch: 1. ___   2. ___   3. ___   4. ___   5. ___

Nails: 1. ___   2. ___   3. ___   4. ___   5. ___

Toes: 1. ___   2. ___   3. ___   4. ___   5. ___

Sole: 1. ___   2. ___   3. ___   4. ___   5. ___

Foot massage?   Yes:___   No:___   Maybe:___

Foot play?   Yes:___   No:___   Maybe:___

Smell: 1. ___   2. ___   3. ___   4. ___   5. ___

Taste: 1. ___   2. ___   3. ___   4. ___   5. ___

Socks: 1. ___   2. ___   3. ___   4. ___   5. ___

Shoes: 1. ___   2. ___   3. ___   4. ___   5. ___

Name:_________________________________**Number:**______________

Size: Small___ Medium___ Large ___

Ankle: 1. ___ 2. ___ 3. ___ 4. ___ 5. ___

Arch: 1. ___ 2. ___ 3. ___ 4. ___ 5. ___

Nails: 1. ___ 2. ___ 3. ___ 4. ___ 5. ___

Toes: 1. ___ 2. ___ 3. ___ 4. ___ 5. ___

Sole: 1. ___ 2. ___ 3. ___ 4. ___ 5. ___

Foot massage? Yes:___ No:___ Maybe:___

Foot play?   Yes:___ No:___ Maybe:___

Smell: 1. ___ 2. ___ 3. ___ 4. ___ 5. ___

Taste: 1. ___ 2. ___ 3. ___ 4. ___ 5. ___

Socks: 1. ___ 2. ___ 3. ___ 4. ___ 5. ___

Shoes: 1. ___ 2. ___ 3. ___ 4. ___ 5. ___

Name:_________________________________Number:_______________

Size: **Small___**   **Medium___**   **Large ___**

Ankle: 1. ___   2. ___   3. ___   4. ___   5. ___

Arch: 1. ___   2. ___   3. ___   4. ___   5. ___

Nails: 1. ___   2. ___   3. ___   4. ___   5. ___

Toes: 1. ___   2. ___   3. ___   4. ___   5. ___

Sole: 1. ___   2. ___   3. ___   4. ___   5. ___

Foot massage?   Yes:___ No:___ Maybe:___

Foot play?   Yes:___ No:___ Maybe:___

Smell: 1. ___   2. ___   3. ___   4. ___   5. ___

Taste: 1. ___   2. ___   3. ___   4. ___   5. ___

Socks: 1. ___   2. ___   3. ___   4. ___   5. ___

Shoes: 1. ___   2. ___   3. ___   4. ___   5. ___

Name:_____________________________**Number:**_______________

Size: **Small**___ **Medium**___ **Large** ___

Ankle: 1. ___ 2. ___ 3. ___ 4. ___ 5. ___

Arch: 1. ___ 2. ___ 3. ___ 4. ___ 5. ___

Nails: 1. ___ 2. ___ 3. ___ 4. ___ 5. ___

Toes: 1. ___ 2. ___ 3. ___ 4. ___ 5. ___

Sole: 1. ___ 2. ___ 3. ___ 4. ___ 5. ___

Foot massage? Yes:___ No:___ Maybe:___

Foot play?   Yes:___ No:___ Maybe:___

Smell: 1. ___ 2. ___ 3. ___ 4. ___ 5. ___

Taste: 1. ___ 2. ___ 3. ___ 4. ___ 5. ___

Socks: 1. ___ 2. ___ 3. ___ 4. ___ 5. ___

Shoes: 1. ___ 2. ___ 3. ___ 4. ___ 5. ___

Name:________________________________**Number:**______________

Size:　　**Small**___　**Medium**___　**Large** ___

Ankle:　1. ___　2. ___　3. ___　4. ___　5. ___

Arch:　1. ___　2. ___　3. ___　4. ___　5. ___

Nails:　1. ___　2. ___　3. ___　4. ___　5. ___

Toes:　1. ___　2. ___　3. ___　4. ___　5. ___

Sole:　1. ___　2. ___　3. ___　4. ___　5. ___

Foot massage?　**Yes:**___　**No:**___　**Maybe:**___

Foot play?　　**Yes:**___　**No:**___　**Maybe:**___

Smell:　1. ___　2. ___　3. ___　4. ___　5. ___

Taste:　1. ___　2. ___　3. ___　4. ___　5. ___

Socks:　1. ___　2. ___　3. ___　4. ___　5. ___

Shoes:　1. ___　2. ___　3. ___　4. ___　5. ___

Name:_______________________________**Number:**____________

Size: **Small**___ **Medium**___ **Large** ___

Ankle: **1.** ___ **2.** ___ **3.** ___ **4.** ___ **5.** ___

Arch: **1.** ___ **2.** ___ **3.** ___ **4.** ___ **5.** ___

Nails: **1.** ___ **2.** ___ **3.** ___ **4.** ___ **5.** ___

Toes: **1.** ___ **2.** ___ **3.** ___ **4.** ___ **5.** ___

Sole: **1.** ___ **2.** ___ **3.** ___ **4.** ___ **5.** ___

Foot massage? **Yes:**___ **No:**___ **Maybe:**___

Foot play?   **Yes:**___ **No:**___ **Maybe:**___

Smell: **1.** ___ **2.** ___ **3.** ___ **4.** ___ **5.** ___

Taste: **1.** ___ **2.** ___ **3.** ___ **4.** ___ **5.** ___

Socks: **1.** ___ **2.** ___ **3.** ___ **4.** ___ **5.** ___

Shoes: **1.** ___ **2.** ___ **3.** ___ **4.** ___ **5.** ___

Name:_________________________________**Number:**_____________

Size: **Small___ Medium___ Large ___**

Ankle: 1. __ 2. ___ 3. ___ 4. ___ 5. ___

Arch: 1. __ 2. ___ 3. ___ 4. ___ 5. ___

Nails: 1. __ 2. ___ 3. ___ 4. ___ 5. ___

Toes: 1. __ 2. ___ 3. ___ 4. ___ 5. ___

Sole: 1. __ 2. ___ 3. ___ 4. ___ 5. ___

Foot massage? Yes:___ No:___ Maybe:___

Foot play? Yes:___ No:___ Maybe:___

Smell: 1. __ 2. ___ 3. ___ 4. ___ 5. ___

Taste: 1. __ 2. ___ 3. ___ 4. ___ 5. ___

Socks: 1. __ 2. ___ 3. ___ 4. ___ 5. ___

Shoes: 1. __ 2. ___ 3. ___ 4. __ 5. ___

Name:_________________________________**Number:**_______________

Size: **Small**___ **Medium**___ **Large** ___

Ankle: 1. ___ 2. ___ 3. ___ 4. ___ 5. ___

Arch: 1. ___ 2. ___ 3. ___ 4. ___ 5. ___

Nails: 1. ___ 2. ___ 3. ___ 4. ___ 5. ___

Toes: 1. ___ 2. ___ 3. ___ 4. ___ 5. ___

Sole: 1. ___ 2. ___ 3. ___ 4. ___ 5. ___

Foot massage? Yes:___ **No:**___ **Maybe:**___

Foot play?   **Yes:**___ **No:**___ **Maybe:**___

Smell: 1. ___ 2. ___ 3. ___ 4. ___ 5. ___

Taste: 1. ___ 2. ___ 3. ___ 4. ___ 5. ___

Socks: 1. ___ 2. ___ 3. ___ 4. ___ 5. ___

Shoes: 1. ___ 2. ___ 3. ___ 4. ___ 5. ___

Name:________________________________Number:______________

Size: **Small**___   **Medium**___   **Large** ___

Ankle: 1. ___ 2. ___ 3. ___ 4. ___ 5. ___

Arch: 1. ___ 2. ___ 3. ___ 4. ___ 5. ___

Nails: 1. ___ 2. ___ 3. ___ 4. ___ 5. ___

Toes: 1. ___ 2. ___ 3. ___ 4. ___ 5. ___

Sole: 1. ___ 2. ___ 3. ___ 4. ___ 5. ___

Foot massage? Yes:___ No:___ Maybe:___

Foot play?   Yes:___ No:___ Maybe:___

Smell: 1. ___ 2. ___ 3. ___ 4. ___ 5. ___

Taste: 1. ___ 2. ___ 3. ___ 4. ___ 5. ___

Socks: 1. ___ 2. ___ 3. ___ 4. ___ 5. ___

Shoes: 1. ___ 2. ___ 3. ___ 4. ___ 5. ___

Name:______________________________**Number:**______________

Size: **Small**___   **Medium**___   **Large** ___

Ankle: **1.** ___ **2.** ___ **3.** ___ **4.** ___ **5.** ___

Arch: **1.** ___ **2.** ___ **3.** ___ **4.** ___ **5.** ___

Nails: **1.** ___ **2.** ___ **3.** ___ **4.** ___ **5.** ___

Toes: **1.** ___ **2.** ___ **3.** ___ **4.** ___ **5.** ___

Sole: **1.** ___ **2.** ___ **3.** ___ **4.** ___ **5.** ___

Foot massage? Yes:___ **No:**___ **Maybe:**___

Foot play?   Yes:___ **No:**___ **Maybe:**___

Smell: **1.** ___ **2.** ___ **3.** ___ **4.** ___ **5.** ___

Taste: **1.** ___ **2.** ___ **3.** ___ **4.** ___ **5.** ___

Socks: **1.** ___ **2.** ___ **3.** ___ **4.** ___ **5.** ___

Shoes: **1.** ___ **2.** ___ **3.** ___ **4.** ___ **5.** ___

Name:________________________________Number:______________

Size: **Small___ Medium___ Large ___**

Ankle: **1. ___ 2. ___ 3. ___ 4. ___ 5. ___**

Arch: **1. ___ 2. ___ 3. ___ 4. ___ 5. ___**

Nails: **1. ___ 2. ___ 3. ___ 4. ___ 5. ___**

Toes: **1. ___ 2. ___ 3. ___ 4. ___ 5. ___**

Sole: **1. ___ 2. ___ 3. ___ 4. ___ 5. ___**

Foot massage? Yes:___ No:___ Maybe:___

Foot play? Yes:___ No:___ Maybe:___

Smell: **1. ___ 2. ___ 3. ___ 4. ___ 5. ___**

Taste: **1. ___ 2. ___ 3. ___ 4. ___ 5. ___**

Socks: **1. ___ 2. ___ 3. ___ 4. ___ 5. ___**

Shoes: **1. ___ 2. ___ 3. ___ 4. ___ 5. ___**

Name:___________________________**Number:**____________

Size: **Small**___   **Medium**___   **Large** ___

Ankle: 1. ___   2. ___   3. ___   4. ___   5. ___

Arch: 1. ___   2. ___   3. ___   4. ___   5. ___

Nails: 1. ___   2. ___   3. ___   4. ___   5. ___

Toes: 1. ___   2. ___   3. ___   4. ___   5. ___

Sole: 1. ___   2. ___   3. ___   4. ___   5. ___

Foot massage? **Yes:**___ **No:**___ **Maybe:**___

Foot play?   **Yes:**___ **No:**___ **Maybe:**___

Smell: 1. ___   2. ___   3. ___   4. ___   5. ___

Taste: 1. ___   2. ___   3. ___   4. ___   5. ___

Socks: 1. ___   2. ___   3. ___   4. ___   5. ___

Shoes: 1. ___   2. ___   3. ___   4. ___   5. ___

Name:______________________________**Number:**______________

Size: **Small**___ **Medium**___ **Large** ___

Ankle: 1. ___ 2. ___ 3. ___ 4. ___ 5. ___

Arch: 1. ___ 2. ___ 3. ___ 4. ___ 5. ___

Nails: 1. ___ 2. ___ 3. ___ 4. ___ 5. ___

Toes: 1. ___ 2. ___ 3. ___ 4. ___ 5. ___

Sole: 1. ___ 2. ___ 3. ___ 4. ___ 5. ___

Foot massage? Yes:___ No:___ Maybe:___

Foot play?   Yes:___ No:___ Maybe:___

Smell: 1. ___ 2. ___ 3. ___ 4. ___ 5. ___

Taste: 1. ___ 2. ___ 3. ___ 4. ___ 5. ___

Socks: 1. ___ 2. ___ 3. ___ 4. ___ 5. ___

Shoes: 1. ___ 2. ___ 3. ___ 4. ___ 5. ___

Name:________________________________**Number:**______________

Size: **Small**___ **Medium**___ **Large** ___

Ankle: 1. ___ 2. ___ 3. ___ 4. ___ 5. ___

Arch: 1. ___ 2. ___ 3. ___ 4. ___ 5. ___

Nails: 1. ___ 2. ___ 3. ___ 4. ___ 5. ___

Toes: 1. ___ 2. ___ 3. ___ 4. ___ 5. ___

Sole: 1. ___ 2. ___ 3. ___ 4. ___ 5. ___

Foot massage? Yes:___ No:___ Maybe:___

Foot play?   Yes:___ No:___ Maybe:___

Smell: 1. ___ 2. ___ 3. ___ 4. ___ 5. ___

Taste: 1. ___ 2. ___ 3. ___ 4. ___ 5. ___

Socks: 1. ___ 2. ___ 3. ___ 4. ___ 5. ___

Shoes: 1. ___ 2. ___ 3. ___ 4. ___ 5. ___

Name:________________________________Number:______________

Size: Small____ Medium____ Large ____

Ankle: 1. ____ 2. ____ 3. ____ 4. ____ 5. ____

Arch: 1. ____ 2. ____ 3. ____ 4. ____ 5. ____

Nails: 1. ____ 2. ____ 3. ____ 4. ____ 5. ____

Toes: 1. ____ 2. ____ 3. ____ 4. ____ 5. ____

Sole: 1. ____ 2. ____ 3. ____ 4. ____ 5. ____

Foot massage? Yes:____ No:____ Maybe:____

Foot play? Yes:____ No:____ Maybe:____

Smell: 1. ____ 2. ____ 3. ____ 4. ____ 5. ____

Taste: 1. ____ 2. ____ 3. ____ 4. ____ 5. ____

Socks: 1. ____ 2. ____ 3. ____ 4. ____ 5. ____

Shoes: 1. ____ 2. ____ 3. ____ 4. ____ 5. ____

Name:_________________________________Number:________________

Size: Small___   Medium___   Large ___

Ankle: 1. ___ 2. ___ 3. ___ 4. ___ 5. ___

Arch: 1. ___ 2. ___ 3. ___ 4. ___ 5. ___

Nails: 1. ___ 2. ___ 3. ___ 4. ___ 5. ___

Toes: 1. ___ 2. ___ 3. ___ 4. ___ 5. ___

Sole: 1. ___ 2. ___ 3. ___ 4. ___ 5. ___

Foot massage? Yes:___ No:___ Maybe:___

Foot play?   Yes:___ No:___ Maybe:___

Smell: 1. ___ 2. ___ 3. ___ 4. ___ 5. ___

Taste: 1. ___ 2. ___ 3. ___ 4. ___ 5. ___

Socks: 1. ___ 2. ___ 3. ___ 4. ___ 5. ___

Shoes: 1. ___ 2. ___ 3. ___ 4. ___ 5. ___

Name:_____________________________________Number:________________

Size: **Small___ Medium___ Large ___**

Ankle: 1. ___ 2. ___ 3. ___ 4. ___ 5. ___

Arch: 1. ___ 2. ___ 3. ___ 4. ___ 5. ___

Nails: 1. ___ 2. ___ 3. ___ 4. ___ 5. ___

Toes: 1. ___ 2. ___ 3. ___ 4. ___ 5. ___

Sole: 1. ___ 2. ___ 3. ___ 4. ___ 5. ___

Foot massage? **Yes:___ No:___ Maybe:___**

Foot play? **Yes:___ No:___ Maybe:___**

Smell: 1. ___ 2. ___ 3. ___ 4. ___ 5. ___

Taste: 1. ___ 2. ___ 3. ___ 4. ___ 5. ___

Socks: 1. ___ 2. ___ 3. ___ 4. ___ 5. ___

Shoes: 1. ___ 2. ___ 3. ___ 4. ___ 5. ___

Name:___________________________**Number:**______________

Size: **Small___   Medium___   Large ___**

Ankle: **1. ___ 2. ___ 3. ___ 4. ___ 5. ___**

Arch: **1. ___ 2. ___ 3. ___ 4. ___ 5. ___**

Nails: **1. ___ 2. ___ 3. ___ 4. ___ 5. ___**

Toes: **1. ___ 2. ___ 3. ___ 4. ___ 5. ___**

Sole: **1. ___ 2. ___ 3. ___ 4. ___ 5. ___**

Foot massage? Yes:___ No:___ Maybe:___

Foot play?   Yes:___ No:___ Maybe:___

Smell: **1. ___ 2. ___ 3. ___ 4. ___ 5. ___**

Taste: **1. ___ 2. ___ 3. ___ 4. ___ 5. ___**

Socks: **1. ___ 2. ___ 3. ___ 4. ___ 5. ___**

Shoes: **1. ___ 2. ___ 3. ___ 4. ___ 5. ___**

Name:________________________________Number:________________

Size: **Small___ Medium___ Large ___**

Ankle: **1. ___ 2. ___ 3. ___ 4. ___ 5. ___**

Arch: **1. ___ 2. ___ 3. ___ 4. ___ 5. ___**

Nails: **1. ___ 2. ___ 3. ___ 4. ___ 5. ___**

Toes: **1. ___ 2. ___ 3. ___ 4. ___ 5. ___**

Sole: **1. ___ 2. ___ 3. ___ 4. ___ 5. ___**

Foot massage? Yes:___ No:___ Maybe:___

Foot play?   Yes:___ No:___ Maybe:___

Smell: **1. ___ 2. ___ 3. ___ 4. ___ 5. ___**

Taste: **1. ___ 2. ___ 3. ___ 4. ___ 5. ___**

Socks: **1. ___ 2. ___ 3. ___ 4. ___ 5. ___**

Shoes: **1. ___ 2. ___ 3. ___ 4. ___ 5. ___**

Name:_________________________________**Number:**______________

Size: **Small**___   **Medium**___   **Large** ___

Ankle: 1. ___   2. ___   3. ___   4. ___   5. ___

Arch: 1. ___   2. ___   3. ___   4. ___   5. ___

Nails: 1. ___   2. ___   3. ___   4. ___   5. ___

Toes: 1. ___   2. ___   3. ___   4. ___   5. ___

Sole: 1. ___   2. ___   3. ___   4. ___   5. ___

Foot massage?   **Yes:**___ **No:**___ **Maybe:**___

Foot play?   **Yes:**___ **No:**___ **Maybe:**___

Smell: 1. ___   2. ___   3. ___   4. ___   5. ___

Taste: 1. ___   2. ___   3. ___   4. ___   5. ___

Socks: 1. ___   2. ___   3. ___   4. ___   5. ___

Shoes: 1. ___   2. ___   3. ___   4. ___   5. ___

Name:_________________________________Number:_______________

Size: **Small**___ **Medium**___ **Large** ___

Ankle: **1.** ___ **2.** ___ **3.** ___ **4.** ___ **5.** ___

Arch: **1.** ___ **2.** ___ **3.** ___ **4.** ___ **5.** ___

Nails: **1.** ___ **2.** ___ **3.** ___ **4.** ___ **5.** ___

Toes: **1.** ___ **2.** ___ **3.** ___ **4.** ___ **5.** ___

Sole: **1.** ___ **2.** ___ **3.** ___ **4.** ___ **5.** ___

Foot massage? **Yes:**___ **No:**___ **Maybe:**___

Foot play? **Yes:**___ **No:**___ **Maybe:**___

Smell: **1.** ___ **2.** ___ **3.** ___ **4.** ___ **5.** ___

Taste: **1.** ___ **2.** ___ **3.** ___ **4.** ___ **5.** ___

Socks: **1.** ___ **2.** ___ **3.** ___ **4.** ___ **5.** ___

Shoes: **1.** ___ **2.** ___ **3.** ___ **4.** ___ **5.** ___

Name:_________________________**Number:**____________

Size: **Small**___ **Medium**___ **Large** ___

Ankle: 1. ___ 2. ___ 3. ___ 4. ___ 5. ___

Arch: 1. ___ 2. ___ 3. ___ 4. ___ 5. ___

Nails: 1. ___ 2. ___ 3. ___ 4. ___ 5. ___

Toes: 1. ___ 2. ___ 3. ___ 4. ___ 5. ___

Sole: 1. ___ 2. ___ 3. ___ 4. ___ 5. ___

Foot massage? Yes:___ No:___ Maybe:___

Foot play?   **Yes:___ No:___ Maybe:___**

Smell: 1. ___ 2. ___ 3. ___ 4. ___ 5. ___

Taste: 1. ___ 2. ___ 3. ___ 4. ___ 5. ___

Socks: 1. ___ 2. ___ 3. ___ 4. ___ 5. ___

Shoes: 1. ___ 2. ___ 3. ___ 4. ___ 5. ___

Name:_______________________________Number:_______________

Size: **Small___**   **Medium___**   **Large ___**

Ankle: 1. __   2. ___   3. ___   4. ___   5. ___

Arch: 1. __   2. ___   3. ___   4. ___   5. ___

Nails: 1. __   2. ___   3. ___   4. ___   5. ___

Toes: 1. __   2. ___   3. ___   4. ___   5. ___

Sole: 1. __   2. ___   3. ___   4. ___   5. ___

Foot massage?   Yes:__   No:__   Maybe:__

Foot play?   Yes:__   No:__   Maybe:__

Smell: 1. __   2. ___   3. ___   4. ___   5. ___

Taste: 1. __   2. ___   3. ___   4. ___   5. ___

Socks: 1. __   2. ___   3. ___   4. ___   5. ___

Shoes: 1. __   2. ___   3. ___   4. ___   5. ___

Name:___________________________**Number:**_____________

Size:　　**Small**___　**Medium**___　**Large**___

Ankle:　1. ___　2. ___　3. ___　4. ___　5. ___

Arch:　1. ___　2. ___　3. ___　4. ___　5. ___

Nails:　1. ___　2. ___　3. ___　4. ___　5. ___

Toes:　1. ___　2. ___　3. ___　4. ___　5. ___

Sole:　1. ___　2. ___　3. ___　4. ___　5. ___

Foot massage?　**Yes:**___　**No:**___　**Maybe:**___

Foot play?　　**Yes:**___　**No:**___　**Maybe:**___

Smell:　1. ___　2. ___　3. ___　4. ___　5. ___

Taste:　1. ___　2. ___　3. ___　4. ___　5. ___

Socks:　1. ___　2. ___　3. ___　4. ___　5. ___

Shoes:　1. ___　2. ___　3. ___　4. ___　5. ___

Name:_______________________________Number:_______________

Size: Small___ Medium___ Large ___

Ankle: 1. ___ 2. ___ 3. ___ 4. ___ 5. ___

Arch: 1. ___ 2. ___ 3. ___ 4. ___ 5. ___

Nails: 1. ___ 2. ___ 3. ___ 4. ___ 5. ___

Toes: 1. ___ 2. ___ 3. ___ 4. ___ 5. ___

Sole: 1. ___ 2. ___ 3. ___ 4. ___ 5. ___

Foot massage? Yes:___ No:___ Maybe:___

Foot play?   Yes:___ No:___ Maybe:___

Smell: 1. ___ 2. ___ 3. ___ 4. ___ 5. ___

Taste: 1. ___ 2. ___ 3. ___ 4. ___ 5. ___

Socks: 1. ___ 2. ___ 3. ___ 4. ___ 5. ___

Shoes: 1. ___ 2. ___ 3. ___ 4. ___ 5. ___

Name:____________________________**Number:**______________

Size: Small___   Medium___   Large ___

Ankle: 1. ___ 2. ___ 3. ___ 4. ___ 5. ___

Arch: 1. ___ 2. ___ 3. ___ 4. ___ 5. ___

Nails: 1. ___ 2. ___ 3. ___ 4. ___ 5. ___

Toes: 1. ___ 2. ___ 3. ___ 4. ___ 5. ___

Sole: 1. ___ 2. ___ 3. ___ 4. ___ 5. ___

Foot massage? Yes:___ No:___ Maybe:___

Foot play?   Yes:___ No:___ Maybe:___

Smell: 1. ___ 2. ___ 3. ___ 4. ___ 5. ___

Taste: 1. ___ 2. ___ 3. ___ 4. ___ 5. ___

Socks: 1. ___ 2. ___ 3. ___ 4. ___ 5. ___

Shoes: 1. ___ 2. ___ 3. ___ 4. ___ 5. ___

Name:_________________________________Number:______________

Size: **Small___   Medium___   Large ___**

Ankle: 1. ___ 2. ___ 3. ___ 4. ___ 5. ___

Arch: 1. ___ 2. ___ 3. ___ 4. ___ 5. ___

Nails: 1. ___ 2. ___ 3. ___ 4. ___ 5. ___

Toes: 1. ___ 2. ___ 3. ___ 4. ___ 5. ___

Sole: 1. ___ 2. ___ 3. ___ 4. ___ 5. ___

Foot massage? Yes:___ No:___ Maybe:___

Foot play?   Yes:___ No:___ Maybe:___

Smell: 1. ___ 2. ___ 3. ___ 4. ___ 5. ___

Taste: 1. ___ 2. ___ 3. ___ 4. ___ 5. ___

Socks: 1. ___ 2. ___ 3. ___ 4. ___ 5. ___

Shoes: 1. ___ 2. ___ 3. ___ 4. ___ 5. ___

Name:______________________________**Number:**______________

Size: **Small**___ **Medium**___ **Large** ___

Ankle: 1. ___   2. ___   3. ___   4. ___   5. ___

Arch: 1. ___   2. ___   3. ___   4. ___   5. ___

Nails: 1. ___   2. ___   3. ___   4. ___   5. ___

Toes: 1. ___   2. ___   3. ___   4. ___   5. ___

Sole: 1. ___   2. ___   3. ___   4. ___   5. ___

Foot massage? **Yes:**___ **No:**___ **Maybe:**___

Foot play?   **Yes:**___ **No:**___ **Maybe:**___

Smell: 1. ___   2. ___   3. ___   4. ___   5. ___

Taste: 1. ___   2. ___   3. ___   4. ___   5. ___

Socks: 1. ___   2. ___   3. ___   4. ___   5. ___

Shoes: 1. ___   2. ___   3. ___   4. ___   5. ___

Name:_______________________________**Number:**_______________

Size: Small___ Medium___ Large ___

Ankle: 1. __ 2. ___ 3. ___ 4. ___ 5. ___

Arch: 1. __ 2. ___ 3. ___ 4. ___ 5. ___

Nails: 1. __ 2. ___ 3. ___ 4. ___ 5. ___

Toes: 1. __ 2. ___ 3. ___ 4. ___ 5. ___

Sole: 1. __ 2. ___ 3. ___ 4. ___ 5. ___

Foot massage? Yes:___ No:___ Maybe:___

Foot play?   Yes:___ No:___ Maybe:___

Smell: 1. __ 2. ___ 3. ___ 4. ___ 5. ___

Taste: 1. __ 2. ___ 3. ___ 4. ___ 5. ___

Socks: 1. __ 2. ___ 3. ___ 4. ___ 5. ___

Shoes: 1. __ 2. ___ 3. ___ 4. ___ 5. ___

Name:_________________________________**Number:**______________

Size: **Small**___   **Medium**___   **Large** ___

Ankle: 1. ___ 2. ___   3. ___   4. ___   5. ___

Arch: 1. ___ 2. ___   3. ___   4. ___   5. ___

Nails: 1. ___ 2. ___   3. ___   4. ___   5. ___

Toes: 1. ___ 2. ___   3. ___   4. ___   5. ___

Sole: 1. ___ 2. ___   3. ___   4. ___   5. ___

Foot massage? **Yes:**___ **No:**___ **Maybe:**___

Foot play?   **Yes:**___ **No:**___ **Maybe:**___

Smell: 1. ___ 2. ___   3. ___   4. ___   5. ___

Taste: 1. ___ 2. ___   3. ___   4. ___   5. ___

Socks: 1. ___ 2. ___   3. ___   4. ___   5. ___

Shoes: 1. ___ 2. ___   3. ___   4. ___   5. ___

Name:___________________________**Number:**____________

Size: **Small___   Medium___   Large ___**

Ankle: **1. ___ 2. ___ 3. ___ 4. ___ 5. ___**

Arch: **1. ___ 2. ___ 3. ___ 4. ___ 5. ___**

Nails: **1. ___ 2. ___ 3. ___ 4. ___ 5. ___**

Toes: **1. ___ 2. ___ 3. ___ 4. ___ 5. ___**

Sole: **1. ___ 2. ___ 3. ___ 4. ___ 5. ___**

Foot massage? Yes:___ No:___ Maybe:___

Foot play?   Yes:___ No:___ Maybe:___

Smell: **1. ___ 2. ___ 3. ___ 4. ___ 5. ___**

Taste: **1. ___ 2. ___ 3. ___ 4. ___ 5. ___**

Socks: **1. ___ 2. ___ 3. ___ 4. ___ 5. ___**

Shoes: **1. ___ 2. ___ 3. ___ 4. ___ 5. ___**

Name:______________________________**Number:**______________

Size: Small___   Medium___   Large ___

Ankle: 1. ___ 2. ___   3. ___   4. ___ 5. ___

Arch: 1. ___ 2. ___   3. ___   4. ___ 5. ___

Nails: 1. ___ 2. ___   3. ___   4. ___ 5. ___

Toes: 1. ___ 2. ___   3. ___   4. ___ 5. ___

Sole: 1. ___ 2. ___   3. ___   4. ___ 5. ___

Foot massage? Yes:___ No:___ Maybe:___

Foot play?   Yes:___ No:___ Maybe:___

Smell: 1. ___ 2. ___   3. ___   4. ___ 5. ___

Taste: 1. ___ 2. ___   3. ___   4. ___ 5. ___

Socks: 1. ___ 2. ___   3. ___   4. ___ 5. ___

Shoes: 1. ___ 2. ___   3. ___   4. ___ 5. ___

Name:_______________________________**Number:**_____________

Size: **Small**___ **Medium**___ **Large** ___

Ankle: 1. ___ 2. ___ 3. ___ 4. ___ 5. ___

Arch: 1. ___ 2. ___ 3. ___ 4. ___ 5. ___

Nails: 1. ___ 2. ___ 3. ___ 4. ___ 5. ___

Toes: 1. ___ 2. ___ 3. ___ 4. ___ 5. ___

Sole: 1. ___ 2. ___ 3. ___ 4. ___ 5. ___

Foot massage? Yes:___ No:___ Maybe:___

Foot play?   Yes:___ No:___ Maybe:___

Smell: 1. ___ 2. ___ 3. ___ 4. ___ 5. ___

Taste: 1. ___ 2. ___ 3. ___ 4. ___ 5. ___

Socks: 1. ___ 2. ___ 3. ___ 4. ___ 5. ___

Shoes: 1. ___ 2. ___ 3. ___ 4. ___ 5. ___

Name:________________________________**Number:**______________

Size: **Small__   Medium___   Large ___**

Ankle: 1. __ 2. ___ 3. ___ 4. ___ 5. ___

Arch: 1. __ 2. ___ 3. ___ 4. ___ 5. ___

Nails: 1. __ 2. ___ 3. ___ 4. ___ 5. ___

Toes: 1. __ 2. ___ 3. ___ 4. ___ 5. ___

Sole: 1. __ 2. ___ 3. ___ 4. ___ 5. ___

Foot massage? Yes:__ No:__ Maybe:__

Foot play?   Yes:__ No:__ Maybe:__

Smell: 1. __ 2. ___ 3. ___ 4. ___ 5. ___

Taste: 1. __ 2. ___ 3. ___ 4. ___ 5. ___

Socks: 1. __ 2. ___ 3. ___ 4. ___ 5. ___

Shoes: 1. __ 2. ___ 3. ___ 4. ___ 5. ___

Name:________________________________Number:__________

Size: **Small___**   **Medium___**   **Large ___**

Ankle: 1. ___   2. ___   3. ___   4. ___   5. ___

Arch: 1. ___   2. ___   3. ___   4. ___   5. ___

Nails: 1. ___   2. ___   3. ___   4. ___   5. ___

Toes: 1. ___   2. ___   3. ___   4. ___   5. ___

Sole: 1. ___   2. ___   3. ___   4. ___   5. ___

Foot massage?   Yes:___   No:___   Maybe:___

Foot play?   Yes:___   No:___   Maybe:___

Smell: 1. ___   2. ___   3. ___   4. ___   5. ___

Taste: 1. ___   2. ___   3. ___   4. ___   5. ___

Socks: 1. ___   2. ___   3. ___   4. ___   5. ___

Shoes: 1. ___   2. ___   3. ___   4. ___   5. ___

Name:_________________________________**Number:**_______________

Size: **Small**___ **Medium**___ **Large** ___

Ankle: 1. __ 2. ___ 3. ___ 4. ___ 5. ___

Arch: 1. __ 2. ___ 3. ___ 4. ___ 5. ___

Nails: 1. __ 2. ___ 3. ___ 4. ___ 5. ___

Toes: 1. __ 2. ___ 3. ___ 4. ___ 5. ___

Sole: 1. __ 2. ___ 3. ___ 4. ___ 5. ___

Foot massage? **Yes:**___ **No:**___ **Maybe:**___

Foot play?   **Yes:**___ **No:**___ **Maybe:**___

Smell: 1. __ 2. ___ 3. ___ 4. ___ 5. ___

Taste: 1. __ 2. ___ 3. ___ 4. ___ 5. ___

Socks: 1. __ 2. ___ 3. ___ 4. ___ 5. ___

Shoes: 1. __ 2. ___ 3. ___ 4. ___ 5. ___

Name:_________________________________Number:______________

Size: Small___ Medium___ Large ___

Ankle: 1. ___ 2. ___ 3. ___ 4. ___ 5. ___

Arch: 1. ___ 2. ___ 3. ___ 4. ___ 5. ___

Nails: 1. ___ 2. ___ 3. ___ 4. ___ 5. ___

Toes: 1. ___ 2. ___ 3. ___ 4. ___ 5. ___

Sole: 1. ___ 2. ___ 3. ___ 4. ___ 5. ___

Foot massage? Yes:___ No:___ Maybe:___

Foot play?   Yes:___ No:___ Maybe:___

Smell: 1. ___ 2. ___ 3. ___ 4. ___ 5. ___

Taste: 1. ___ 2. ___ 3. ___ 4. ___ 5. ___

Socks: 1. ___ 2. ___ 3. ___ 4. ___ 5. ___

Shoes: 1. ___ 2. ___ 3. ___ 4. ___ 5. ___

Name:_________________________________**Number:**_______________

Size: **Small**___ **Medium**___ **Large** ___

Ankle: 1. ___ 2. ___ 3. ___ 4. ___ 5. ___

Arch: 1. ___ 2. ___ 3. ___ 4. ___ 5. ___

Nails: 1. ___ 2. ___ 3. ___ 4. ___ 5. ___

Toes: 1. ___ 2. ___ 3. ___ 4. ___ 5. ___

Sole: 1. ___ 2. ___ 3. ___ 4. ___ 5. ___

Foot massage? Yes:___ No:___ Maybe:___

Foot play?   Yes:___ No:___ Maybe:___

Smell: 1. ___ 2. ___ 3. ___ 4. ___ 5. ___

Taste: 1. ___ 2. ___ 3. ___ 4. ___ 5. ___

Socks: 1. ___ 2. ___ 3. ___ 4. ___ 5. ___

Shoes: 1. ___ 2. ___ 3. ___ 4. ___ 5. ___

Name:______________________________**Number:**______________

Size: Small___   Medium___   Large ___

Ankle: 1. ___   2. ___   3. ___   4. ___   5. ___

Arch: 1. ___   2. ___   3. ___   4. ___   5. ___

Nails: 1. ___   2. ___   3. ___   4. ___   5. ___

Toes: 1. ___   2. ___   3. ___   4. ___   5. ___

Sole: 1. ___   2. ___   3. ___   4. ___   5. ___

Foot massage?   Yes:___   No:___   Maybe:___

Foot play?   Yes:___   No:___   Maybe:___

Smell: 1. ___   2. ___   3. ___   4. ___   5. ___

Taste: 1. ___   2. ___   3. ___   4. ___   5. ___

Socks: 1. ___   2. ___   3. ___   4. ___   5. ___

Shoes: 1. ___   2. ___   3. ___   4. ___   5. ___

Name:_______________________________Number:______________

Size: **Small___**   **Medium___**   **Large ___**

Ankle: 1. ___   2. ___   3. ___   4. ___   5. ___

Arch: 1. ___   2. ___   3. ___   4. ___   5. ___

Nails: 1. ___   2. ___   3. ___   4. ___   5. ___

Toes: 1. ___   2. ___   3. ___   4. ___   5. ___

Sole: 1. ___   2. ___   3. ___   4. ___   5. ___

Foot massage?   Yes:___   No:___   Maybe:___

Foot play?   Yes:___   No:___   Maybe:___

Smell: 1. ___   2. ___   3. ___   4. ___   5. ___

Taste: 1. ___   2. ___   3. ___   4. ___   5. ___

Socks: 1. ___   2. ___   3. ___   4. ___   5. ___

Shoes: 1. ___   2. ___   3. ___   4. ___   5. ___

Name:________________________________**Number:**______________

Size: **Small**___ **Medium**___ **Large** ___

Ankle: 1. ___ 2. ___   3. ___   4. ___   5. ___

Arch: 1. ___ 2. ___   3. ___   4. ___   5. ___

Nails: 1. ___ 2. ___   3. ___   4. ___   5. ___

Toes: 1. ___ 2. ___   3. ___   4. ___   5. ___

Sole: 1. ___ 2. ___   3. ___   4. ___   5. ___

Foot massage? Yes:___ **No:**___ **Maybe:**___

Foot play?   **Yes:**___ **No:**___ **Maybe:**___

Smell: 1. ___ 2. ___   3. ___   4. ___   5. ___

Taste: 1. ___ 2. ___   3. ___   4. ___   5. ___

Socks: 1. ___ 2. ___   3. ___   4. ___   5. ___

Shoes: 1. ___ 2. ___   3. ___   4. ___   5. ___

Name:___________________________**Number:**____________

Size: **Small**___ **Medium**___ **Large** ___

Ankle: **1.** ___ **2.** ___ **3.** ___ **4.** ___ **5.** ___

Arch: **1.** ___ **2.** ___ **3.** ___ **4.** ___ **5.** ___

Nails: **1.** ___ **2.** ___ **3.** ___ **4.** ___ **5.** ___

Toes: **1.** ___ **2.** ___ **3.** ___ **4.** ___ **5.** ___

Sole: **1.** ___ **2.** ___ **3.** ___ **4.** ___ **5.** ___

Foot massage? Yes:___ **No:**___ **Maybe:**___

Foot play?   **Yes:**___ **No:**___ **Maybe:**___

Smell: **1.** ___ **2.** ___ **3.** ___ **4.** ___ **5.** ___

Taste: **1.** ___ **2.** ___ **3.** ___ **4.** ___ **5.** ___

Socks: **1.** ___ **2.** ___ **3.** ___ **4.** ___ **5.** ___

Shoes: **1.** ___ **2.** ___ **3.** ___ **4.** ___ **5.** ___

Name:___________________________**Number:**______________

Size: **Small**___ **Medium**___ **Large**___

Ankle: 1. ___ 2. ___ 3. ___ 4. ___ 5. ___

Arch: 1. ___ 2. ___ 3. ___ 4. ___ 5. ___

Nails: 1. ___ 2. ___ 3. ___ 4. ___ 5. ___

Toes: 1. ___ 2. ___ 3. ___ 4. ___ 5. ___

Sole: 1. ___ 2. ___ 3. ___ 4. ___ 5. ___

Foot massage? Yes:___ No:___ Maybe:___

Foot play? Yes:___ No:___ Maybe:___

Smell: 1. ___ 2. ___ 3. ___ 4. ___ 5. ___

Taste: 1. ___ 2. ___ 3. ___ 4. ___ 5. ___

Socks: 1. ___ 2. ___ 3. ___ 4. ___ 5. ___

Shoes: 1. ___ 2. ___ 3. ___ 4. ___ 5. ___

Name:_________________________________Number:________________

Size: **Small**___ **Medium**___ **Large** ___

Ankle: **1.** ___ **2.** ___ **3.** ___ **4.** ___ **5.** ___

Arch: **1.** ___ **2.** ___ **3.** ___ **4.** ___ **5.** ___

Nails: **1.** ___ **2.** ___ **3.** ___ **4.** ___ **5.** ___

Toes: **1.** ___ **2.** ___ **3.** ___ **4.** ___ **5.** ___

Sole: **1.** ___ **2.** ___ **3.** ___ **4.** ___ **5.** ___

Foot massage? Yes:___ **No:**___ **Maybe:**___

Foot play?   Yes:___ **No:**___ **Maybe:**___

Smell: **1.** ___ **2.** ___ **3.** ___ **4.** ___ **5.** ___

Taste: **1.** ___ **2.** ___ **3.** ___ **4.** ___ **5.** ___

Socks: **1.** ___ **2.** ___ **3.** ___ **4.** ___ **5.** ___

Shoes: **1.** ___ **2.** ___ **3.** ___ **4.** ___ **5.** ___

Name:________________________________**Number:**______________

Size: **Small**___   **Medium**___   **Large** ___

Ankle: 1. ___   2. ___   3. ___   4. ___   5. ___

Arch: 1. ___   2. ___   3. ___   4. ___   5. ___

Nails: 1. ___   2. ___   3. ___   4. ___   5. ___

Toes: 1. ___   2. ___   3. ___   4. ___   5. ___

Sole: 1. ___   2. ___   3. ___   4. ___   5. ___

Foot massage?   **Yes:**___ **No:**___ **Maybe:**___

Foot play?   **Yes:**___ **No:**___ **Maybe:**___

Smell: 1. ___   2. ___   3. ___   4. ___   5. ___

Taste: 1. ___   2. ___   3. ___   4. ___   5. ___

Socks: 1. ___   2. ___   3. ___   4. ___   5. ___

Shoes: 1. ___   2. ___   3. ___   4. ___   5. ___

Name:________________________________**Number:**________________

Size: **Small**___ **Medium**___ **Large** ___

Ankle: 1. ___ 2. ___ 3. ___ 4. ___ 5. ___

Arch: 1. ___ 2. ___ 3. ___ 4. ___ 5. ___

Nails: 1. ___ 2. ___ 3. ___ 4. ___ 5. ___

Toes: 1. ___ 2. ___ 3. ___ 4. ___ 5. ___

Sole: 1. ___ 2. ___ 3. ___ 4. ___ 5. ___

Foot massage? **Yes:**___ **No:**___ **Maybe:**___

Foot play?   **Yes:**___ **No:**___ **Maybe:**___

Smell: 1. ___ 2. ___ 3. ___ 4. ___ 5. ___

Taste: 1. ___ 2. ___ 3. ___ 4. ___ 5. ___

Socks: 1. ___ 2. ___ 3. ___ 4. ___ 5. ___

Shoes: 1. ___ 2. ___ 3. ___ 4. ___ 5. ___

Name:_______________________________Number:______________

Size: **Small___   Medium___   Large ___**

Ankle: 1. ___   2. ___   3. ___   4. ___   5. ___

Arch: 1. ___   2. ___   3. ___   4. ___   5. ___

Nails: 1. ___   2. ___   3. ___   4. ___   5. ___

Toes: 1. ___   2. ___   3. ___   4. ___   5. ___

Sole: 1. ___   2. ___   3. ___   4. ___   5. ___

Foot massage?   Yes:___ No:___ Maybe:___

Foot play?   Yes:___ No:___ Maybe:___

Smell: 1. ___   2. ___   3. ___   4. ___   5. ___

Taste: 1. ___   2. ___   3. ___   4. ___   5. ___

Socks: 1. ___   2. ___   3. ___   4. ___   5. ___

Shoes: 1. ___   2. ___   3. ___   4. ___   5. ___

Name:_____________________________**Number:**__________

Size: **Small**___ **Medium**___ **Large**___

Ankle: 1. __ 2. ___ 3. ___ 4. ___ 5. ___

Arch: 1. __ 2. ___ 3. ___ 4. ___ 5. ___

Nails: 1. __ 2. ___ 3. ___ 4. ___ 5. ___

Toes: 1. __ 2. ___ 3. ___ 4. ___ 5. ___

Sole: 1. __ 2. ___ 3. ___ 4. ___ 5. ___

Foot massage? Yes:___ **No:**___ **Maybe:**___

Foot play?   Yes:___ **No:**___ **Maybe:**___

Smell: 1. __ 2. ___ 3. ___ 4. ___ 5. ___

Taste: 1. __ 2. ___ 3. ___ 4. ___ 5. ___

Socks: 1. __ 2. ___ 3. ___ 4. ___ 5. ___

Shoes: 1. __ 2. ___ 3. ___ 4. ___ 5. ___

Name:______________________________**Number:**______________

Size: Small___ Medium___ Large ___

Ankle: 1. ___ 2. ___ 3. ___ 4. ___ 5. ___

Arch: 1. ___ 2. ___ 3. ___ 4. ___ 5. ___

Nails: 1. ___ 2. ___ 3. ___ 4. ___ 5. ___

Toes: 1. ___ 2. ___ 3. ___ 4. ___ 5. ___

Sole: 1. ___ 2. ___ 3. ___ 4. ___ 5. ___

Foot massage? Yes:___ No:___ Maybe:___

Foot play?   Yes:___ No:___ Maybe:___

Smell: 1. ___ 2. ___ 3. ___ 4. ___ 5. ___

Taste: 1. ___ 2. ___ 3. ___ 4. ___ 5. ___

Socks: 1. ___ 2. ___ 3. ___ 4. ___ 5. ___

Shoes: 1. ___ 2. ___ 3. ___ 4. ___ 5. ___

Name:_______________________________**Number:**____________

Size: **Small**___ **Medium**___ **Large** ___

Ankle: 1. ___ 2. ___ 3. ___ 4. ___ 5. ___

Arch: 1. ___ 2. ___ 3. ___ 4. ___ 5. ___

Nails: 1. ___ 2. ___ 3. ___ 4. ___ 5. ___

Toes: 1. ___ 2. ___ 3. ___ 4. ___ 5. ___

Sole: 1. ___ 2. ___ 3. ___ 4. ___ 5. ___

Foot massage? **Yes:**___ **No:**___ **Maybe:**___

Foot play?   **Yes:**___ **No:**___ **Maybe:**___

Smell: 1. ___ 2. ___ 3. ___ 4. ___ 5. ___

Taste: 1. ___ 2. ___ 3. ___ 4. ___ 5. ___

Socks: 1. ___ 2. ___ 3. ___ 4. ___ 5. ___

Shoes: 1. ___ 2. ___ 3. ___ 4. ___ 5. ___

Name:_______________________________**Number:**______________

Size: **Small__**   **Medium__**   **Large __**

Ankle: 1. __   2. __   3. __   4. __   5. __

Arch: 1. __   2. __   3. __   4. __   5. __

Nails: 1. __   2. __   3. __   4. __   5. __

Toes: 1. __   2. __   3. __   4. __   5. __

Sole: 1. __   2. __   3. __   4. __   5. __

Foot massage?   Yes:__ No:__ Maybe:__

Foot play?   Yes:__ No:__ Maybe:__

Smell: 1. __   2. __   3. __   4. __   5. __

Taste: 1. __   2. __   3. __   4. __   5. __

Socks: 1. __   2. __   3. __   4. __   5. __

Shoes: 1. __   2. __   3. __   4. __   5. __

Name:_________________________________**Number:**________________

Size:　　**Small**___　**Medium**___　**Large**___

Ankle:　1. ___　2. ___　3. ___　4. ___　5. ___

Arch:　1. ___　2. ___　3. ___　4. ___　5. ___

Nails:　1. ___　2. ___　3. ___　4. ___　5. ___

Toes:　1. ___　2. ___　3. ___　4. ___　5. ___

Sole:　1. ___　2. ___　3. ___　4. ___　5. ___

Foot massage?　**Yes:**___　**No:**___　**Maybe:**___

Foot play?　　**Yes:**___　**No:**___　**Maybe:**___

Smell:　1. ___　2. ___　3. ___　4. ___　5. ___

Taste:　1. ___　2. ___　3. ___　4. ___　5. ___

Socks:　1. ___　2. ___　3. ___　4. ___　5. ___

Shoes:　1. ___　2. ___　3. ___　4. ___　5. ___

Name:________________________________Number:________________

Size: Small___ Medium___ Large ___

Ankle: 1. ___ 2. ___ 3. ___ 4. ___ 5. ___

Arch: 1. ___ 2. ___ 3. ___ 4. ___ 5. ___

Nails: 1. ___ 2. ___ 3. ___ 4. ___ 5. ___

Toes: 1. ___ 2. ___ 3. ___ 4. ___ 5. ___

Sole: 1. ___ 2. ___ 3. ___ 4. ___ 5. ___

Foot massage? Yes:___ No:___ Maybe:___

Foot play?   Yes:___ No:___ Maybe:___

Smell: 1. ___ 2. ___ 3. ___ 4. ___ 5. ___

Taste: 1. ___ 2. ___ 3. ___ 4. ___ 5. ___

Socks: 1. ___ 2. ___ 3. ___ 4. ___ 5. ___

Shoes: 1. ___ 2. ___ 3. ___ 4. ___ 5. ___

Name:___________________________________**Number:**______________

Size: **Small**___   **Medium**___   **Large** ___

Ankle: **1.** ___ **2.** ___ **3.** ___ **4.** ___ **5.** ___

Arch: **1.** ___ **2.** ___ **3.** ___ **4.** ___ **5.** ___

Nails: **1.** ___ **2.** ___ **3.** ___ **4.** ___ **5.** ___

Toes: **1.** ___ **2.** ___ **3.** ___ **4.** ___ **5.** ___

Sole: **1.** ___ **2.** ___ **3.** ___ **4.** ___ **5.** ___

Foot massage? Yes:___ **No:**___ **Maybe:**___

Foot play?   **Yes:**___ **No:**___ **Maybe:**___

Smell: **1.** ___ **2.** ___ **3.** ___ **4.** ___ **5.** ___

Taste: **1.** ___ **2.** ___ **3.** ___ **4.** ___ **5.** ___

Socks: **1.** ___ **2.** ___ **3.** ___ **4.** ___ **5.** ___

Shoes: **1.** ___ **2.** ___ **3.** ___ **4.** ___ **5.** ___

Name:_________________________________Number:_______________

Size: **Small**___   **Medium**___   **Large** ___

Ankle: 1. ___   2. ___   3. ___   4. ___   5. ___

Arch: 1. ___   2. ___   3. ___   4. ___   5. ___

Nails: 1. ___   2. ___   3. ___   4. ___   5. ___

Toes: 1. ___   2. ___   3. ___   4. ___   5. ___

Sole: 1. ___   2. ___   3. ___   4. ___   5. ___

Foot massage?   Yes:___ No:___ Maybe:___

Foot play?   Yes:___ No:___ Maybe:___

Smell: 1. ___   2. ___   3. ___   4. ___   5. ___

Taste: 1. ___   2. ___   3. ___   4. ___   5. ___

Socks: 1. ___   2. ___   3. ___   4. ___   5. ___

Shoes: 1. ___   2. ___   3. ___   4. ___   5. ___

Name:___________________________**Number:**_____________

Size: **Small**___ **Medium**___ **Large**___

Ankle: 1. ___ 2. ___ 3. ___ 4. ___ 5. ___

Arch: 1. ___ 2. ___ 3. ___ 4. ___ 5. ___

Nails: 1. ___ 2. ___ 3. ___ 4. ___ 5. ___

Toes: 1. ___ 2. ___ 3. ___ 4. ___ 5. ___

Sole: 1. ___ 2. ___ 3. ___ 4. ___ 5. ___

Foot massage? **Yes:**___ **No:**___ **Maybe:**___

Foot play? **Yes:**___ **No:**___ **Maybe:**___

Smell: 1. ___ 2. ___ 3. ___ 4. ___ 5. ___

Taste: 1. ___ 2. ___ 3. ___ 4. ___ 5. ___

Socks: 1. ___ 2. ___ 3. ___ 4. ___ 5. ___

Shoes: 1. ___ 2. ___ 3. ___ 4. ___ 5. ___

Name:_______________________________Number:______________

Size: **Small___**   **Medium___**   **Large ___**

Ankle: 1. ___   2. ___   3. ___   4. ___   5. ___

Arch: 1. ___   2. ___   3. ___   4. ___   5. ___

Nails: 1. ___   2. ___   3. ___   4. ___   5. ___

Toes: 1. ___   2. ___   3. ___   4. ___   5. ___

Sole: 1. ___   2. ___   3. ___   4. ___   5. ___

Foot massage?   **Yes:___ No:___ Maybe:___**

Foot play?   **Yes:___ No:___ Maybe:___**

Smell: 1. ___   2. ___   3. ___   4. ___   5. ___

Taste: 1. ___   2. ___   3. ___   4. ___   5. ___

Socks: 1. ___   2. ___   3. ___   4. ___   5. ___

Shoes: 1. ___   2. ___   3. ___   4. ___   5. ___

Name:_________________________________Number:______________

Size: **Small**___ **Medium**___ **Large** ___

Ankle: **1.** ___ **2.** ___ **3.** ___ **4.** ___ **5.** ___

Arch: **1.** ___ **2.** ___ **3.** ___ **4.** ___ **5.** ___

Nails: **1.** ___ **2.** ___ **3.** ___ **4.** ___ **5.** ___

Toes: **1.** ___ **2.** ___ **3.** ___ **4.** ___ **5.** ___

Sole: **1.** ___ **2.** ___ **3.** ___ **4.** ___ **5.** ___

Foot massage? **Yes:**___ **No:**___ **Maybe:**___

Foot play? **Yes:**___ **No:**___ **Maybe:**___

Smell: **1.** ___ **2.** ___ **3.** ___ **4.** ___ **5.** ___

Taste: **1.** ___ **2.** ___ **3.** ___ **4.** ___ **5.** ___

Socks: **1.** ___ **2.** ___ **3.** ___ **4.** ___ **5.** ___

Shoes: **1.** ___ **2.** ___ **3.** ___ **4.** ___ **5.** ___

Name:________________________________**Number:**____________

Size: **Small**___   **Medium**___   **Large** ___

Ankle: 1. ___ 2. ___ 3. ___ 4. ___ 5. ___

Arch: 1. ___ 2. ___ 3. ___ 4. ___ 5. ___

Nails: 1. ___ 2. ___ 3. ___ 4. ___ 5. ___

Toes: 1. ___ 2. ___ 3. ___ 4. ___ 5. ___

Sole: 1. ___ 2. ___ 3. ___ 4. ___ 5. ___

Foot massage? Yes:___ No:___ Maybe:___

Foot play?   Yes:___ No:___ Maybe:___

Smell: 1. ___ 2. ___ 3. ___ 4. ___ 5. ___

Taste: 1. ___ 2. ___ 3. ___ 4. ___ 5. ___

Socks: 1. ___ 2. ___ 3. ___ 4. ___ 5. ___

Shoes: 1. ___ 2. ___ 3. ___ 4. ___ 5. ___

Name:___________________________Number:______________

Size: Small___   Medium___   Large ___

Ankle: 1. ___ 2. ___   3. ___   4. ___   5. ___

Arch: 1. ___ 2. ___   3. ___   4. ___   5. ___

Nails: 1. ___ 2. ___   3. ___   4. ___   5. ___

Toes: 1. ___ 2. ___   3. ___   4. ___   5. ___

Sole: 1. ___ 2. ___   3. ___   4. ___   5. ___

Foot massage? Yes:___ No:___ Maybe:___

Foot play?   Yes:___ No:___ Maybe:___

Smell: 1. ___ 2. ___   3. ___   4. ___   5. ___

Taste: 1. ___ 2. ___   3. ___   4. ___   5. ___

Socks: 1. ___ 2. ___   3. ___   4. ___   5. ___

Shoes: 1. ___ 2. ___   3. ___   4. ___   5. ___

Name:_________________________________Number:______________

Size: Small___ Medium___ Large ___

Ankle: 1. ___ 2. ___ 3. ___ 4. ___ 5. ___

Arch: 1. ___ 2. ___ 3. ___ 4. ___ 5. ___

Nails: 1. ___ 2. ___ 3. ___ 4. ___ 5. ___

Toes: 1. ___ 2. ___ 3. ___ 4. ___ 5. ___

Sole: 1. ___ 2. ___ 3. ___ 4. ___ 5. ___

Foot massage? Yes:___ No:___ Maybe:___

Foot play? Yes:___ No:___ Maybe:___

Smell: 1. ___ 2. ___ 3. ___ 4. ___ 5. ___

Taste: 1. ___ 2. ___ 3. ___ 4. ___ 5. ___

Socks: 1. ___ 2. ___ 3. ___ 4. ___ 5. ___

Shoes: 1. ___ 2. ___ 3. ___ 4. ___ 5. ___

Name:_______________________________Number:_______________

Size: **Small**___ **Medium**___ **Large** ___

Ankle: 1. ___ 2. ___ 3. ___ 4. ___ 5. ___

Arch: 1. ___ 2. ___ 3. ___ 4. ___ 5. ___

Nails: 1. ___ 2. ___ 3. ___ 4. ___ 5. ___

Toes: 1. ___ 2. ___ 3. ___ 4. ___ 5. ___

Sole: 1. ___ 2. ___ 3. ___ 4. ___ 5. ___

Foot massage? Yes:___ No:___ Maybe:___

Foot play?   **Yes:___ No:___ Maybe:___**

Smell: 1. ___ 2. ___ 3. ___ 4. ___ 5. ___

Taste: 1. ___ 2. ___ 3. ___ 4. ___ 5. ___

Socks: 1. ___ 2. ___ 3. ___ 4. ___ 5. ___

Shoes: 1. ___ 2. ___ 3. ___ 4. ___ 5. ___

Name:_________________________________Number:______________

Size: Small___ Medium___ Large ___

Ankle: 1. ___ 2. ___ 3. ___ 4. ___ 5. ___

Arch: 1. ___ 2. ___ 3. ___ 4. ___ 5. ___

Nails: 1. ___ 2. ___ 3. ___ 4. ___ 5. ___

Toes: 1. ___ 2. ___ 3. ___ 4. ___ 5. ___

Sole: 1. ___ 2. ___ 3. ___ 4. ___ 5. ___

Foot massage? Yes:___ No:___ Maybe:___

Foot play?   Yes:___ No:___ Maybe:___

Smell: 1. ___ 2. ___ 3. ___ 4. ___ 5. ___

Taste: 1. ___ 2. ___ 3. ___ 4. ___ 5. ___

Socks: 1. ___ 2. ___ 3. ___ 4. ___ 5. ___

Shoes: 1. ___ 2. ___ 3. ___ 4. ___ 5. ___

Name:_____________________________**Number:**______________

Size: **Small**___ **Medium**___ **Large** ___

Ankle: 1. ___   2. ___   3. ___   4. ___   5. ___

Arch: 1. ___   2. ___   3. ___   4. ___   5. ___

Nails: 1. ___   2. ___   3. ___   4. ___   5. ___

Toes: 1. ___   2. ___   3. ___   4. ___   5. ___

Sole: 1. ___   2. ___   3. ___   4. ___   5. ___

Foot massage?   **Yes:**___ **No:**___ **Maybe:**___

Foot play?   **Yes:**___ **No:**___ **Maybe:**___

Smell: 1. ___   2. ___   3. ___   4. ___   5. ___

Taste: 1. ___   2. ___   3. ___   4. ___   5. ___

Socks: 1. ___   2. ___   3. ___   4. ___   5. ___

Shoes: 1. ___   2. ___   3. ___   4. ___   5. ___

Name:_________________________________Number:______________

Size: **Small___**   **Medium___**   **Large ___**

Ankle: 1. __ 2. ___ 3. ___ 4. ___ 5. ___

Arch: 1. __ 2. ___ 3. ___ 4. ___ 5. ___

Nails: 1. __ 2. ___ 3. ___ 4. ___ 5. ___

Toes: 1. __ 2. ___ 3. ___ 4. ___ 5. ___

Sole: 1. __ 2. ___ 3. ___ 4. ___ 5. ___

Foot massage? Yes:__ No:__ Maybe:__

Foot play?   Yes:__ No:__ Maybe:__

Smell: 1. __ 2. ___ 3. ___ 4. ___ 5. ___

Taste: 1. __ 2. ___ 3. ___ 4. ___ 5. ___

Socks: 1. __ 2. ___ 3. ___ 4. ___ 5. ___

Shoes: 1. __ 2. ___ 3. ___ 4. __ 5. ___

Name:_______________________________**Number:**________________

Size: **Small___   Medium___   Large ___**

Ankle: **1. ___ 2. ___   3. ___   4. ___   5. ___**

Arch: **1. ___ 2. ___   3. ___   4. ___   5. ___**

Nails: **1. ___ 2. ___   3. ___   4. ___   5. ___**

Toes: **1. ___ 2. ___   3. ___   4. ___   5. ___**

Sole: **1. ___ 2. ___   3. ___   4. ___   5. ___**

Foot massage? Yes:___ No:___ Maybe:___

Foot play?   Yes:___ No:___ Maybe:___

Smell: **1. ___ 2. ___   3. ___   4. ___   5. ___**

Taste: **1. ___ 2. ___   3. ___   4. ___   5. ___**

Socks: **1. ___ 2. ___   3. ___   4. ___   5. ___**

Shoes: **1. ___ 2. ___   3. ___   4. ___   5. ___**

Name:________________________________Number:________________

Size: **Small**___   **Medium**___   **Large** ___

Ankle: 1. ___   2. ___   3. ___   4. ___   5. ___

Arch: 1. ___   2. ___   3. ___   4. ___   5. ___

Nails: 1. ___   2. ___   3. ___   4. ___   5. ___

Toes: 1. ___   2. ___   3. ___   4. ___   5. ___

Sole: 1. ___   2. ___   3. ___   4. ___   5. ___

Foot massage?   Yes:___   No:___   Maybe:___

Foot play?   Yes:___   No:___   Maybe:___

Smell: 1. ___   2. ___   3. ___   4. ___   5. ___

Taste: 1. ___   2. ___   3. ___   4. ___   5. ___

Socks: 1. ___   2. ___   3. ___   4. ___   5. ___

Shoes: 1. ___   2. ___   3. ___   4. ___   5. ___

Name:______________________________**Number:**______________

Size: **Small**___ **Medium**___ **Large**___

Ankle: 1. ___ 2. ___ 3. ___ 4. ___ 5. ___

Arch: 1. ___ 2. ___ 3. ___ 4. ___ 5. ___

Nails: 1. ___ 2. ___ 3. ___ 4. ___ 5. ___

Toes: 1. ___ 2. ___ 3. ___ 4. ___ 5. ___

Sole: 1. ___ 2. ___ 3. ___ 4. ___ 5. ___

Foot massage? Yes:___ No:___ Maybe:___

Foot play?   Yes:___ No:___ Maybe:___

Smell: 1. ___ 2. ___ 3. ___ 4. ___ 5. ___

Taste: 1. ___ 2. ___ 3. ___ 4. ___ 5. ___

Socks: 1. ___ 2. ___ 3. ___ 4. ___ 5. ___

Shoes: 1. ___ 2. ___ 3. ___ 4. ___ 5. ___

Name:________________________________**Number:**________________

Size: Small___   Medium___   Large ___

Ankle: 1. ___   2. ___   3. ___   4. ___   5. ___

Arch: 1. ___   2. ___   3. ___   4. ___   5. ___

Nails: 1. ___   2. ___   3. ___   4. ___   5. ___

Toes: 1. ___   2. ___   3. ___   4. ___   5. ___

Sole: 1. ___   2. ___   3. ___   4. ___   5. ___

Foot massage? Yes:___ No:___ Maybe:___

Foot play?   Yes:___ No:___ Maybe:___

Smell: 1. ___   2. ___   3. ___   4. ___   5. ___

Taste: 1. ___   2. ___   3. ___   4. ___   5. ___

Socks: 1. ___   2. ___   3. ___   4. ___   5. ___

Shoes: 1. ___   2. ___   3. ___   4. ___   5. ___

Name:______________________________**Number:**______________

Size: **Small**___ **Medium**___ **Large** ___

Ankle: 1. ___ 2. ___ 3. ___ 4. ___ 5. ___

Arch: 1. ___ 2. ___ 3. ___ 4. ___ 5. ___

Nails: 1. ___ 2. ___ 3. ___ 4. ___ 5. ___

Toes: 1. ___ 2. ___ 3. ___ 4. ___ 5. ___

Sole: 1. ___ 2. ___ 3. ___ 4. ___ 5. ___

Foot massage? Yes:___ **No:**___ **Maybe:**___

Foot play?   **Yes:**___ **No:**___ **Maybe:**___

Smell: 1. ___ 2. ___ 3. ___ 4. ___ 5. ___

Taste: 1. ___ 2. ___ 3. ___ 4. ___ 5. ___

Socks: 1. ___ 2. ___ 3. ___ 4. ___ 5. ___

Shoes: 1. ___ 2. ___ 3. ___ 4. ___ 5. ___

Name:_________________________________Number:_______________

Size: **Small___   Medium___   Large ___**

Ankle: 1. __ 2. ___ 3. ___ 4. ___ 5. ___

Arch: 1. __ 2. ___ 3. ___ 4. ___ 5. ___

Nails: 1. __ 2. ___ 3. ___ 4. ___ 5. ___

Toes: 1. __ 2. ___ 3. ___ 4. ___ 5. ___

Sole: 1. __ 2. ___ 3. ___ 4. ___ 5. ___

Foot massage? Yes:___ No:___ Maybe:___

Foot play?   Yes:___ No:___ Maybe:___

Smell: 1. __ 2. ___ 3. ___ 4. ___ 5. ___

Taste: 1. __ 2. ___ 3. ___ 4. ___ 5. ___

Socks: 1. __ 2. ___ 3. ___ 4. ___ 5. ___

Shoes: 1. __ 2. ___ 3. ___ 4. ___ 5. ___

Name:_______________________________**Number:**_______________

Size: **Small**___   **Medium**___   **Large**___

Ankle: **1.**___   **2.**___   **3.**___   **4.**___   **5.**___

Arch: **1.**___   **2.**___   **3.**___   **4.**___   **5.**___

Nails: **1.**___   **2.**___   **3.**___   **4.**___   **5.**___

Toes: **1.**___   **2.**___   **3.**___   **4.**___   **5.**___

Sole: **1.**___   **2.**___   **3.**___   **4.**___   **5.**___

Foot massage? **Yes:**___ **No:**___ **Maybe:**___

Foot play?   **Yes:**___ **No:**___ **Maybe:**___

Smell: **1.**___   **2.**___   **3.**___   **4.**___   **5.**___

Taste: **1.**___   **2.**___   **3.**___   **4.**___   **5.**___

Socks: **1.**___   **2.**___   **3.**___   **4.**___   **5.**___

Shoes: **1.**___   **2.**___   **3.**___   **4.**___   **5.**___

Name:________________________________**Number:**________________

Size: **Small**___   **Medium**___   **Large** ___

Ankle: 1. ___ 2. ___ 3. ___ 4. ___ 5. ___

Arch: 1. ___ 2. ___ 3. ___ 4. ___ 5. ___

Nails: 1. ___ 2. ___ 3. ___ 4. ___ 5. ___

Toes: 1. ___ 2. ___ 3. ___ 4. ___ 5. ___

Sole: 1. ___ 2. ___ 3. ___ 4. ___ 5. ___

Foot massage? Yes:___ No:___ Maybe:___

Foot play?   Yes:___ No:___ Maybe:___

Smell: 1. ___ 2. ___ 3. ___ 4. ___ 5. ___

Taste: 1. ___ 2. ___ 3. ___ 4. ___ 5. ___

Socks: 1. ___ 2. ___ 3. ___ 4. ___ 5. ___

Shoes: 1. ___ 2. ___ 3. ___ 4. ___ 5. ___

Name:______________________________**Number:**______________

Size: **Small**___ **Medium**___ **Large** ___

Ankle: 1. ___ 2. ___ 3. ___ 4. ___ 5. ___

Arch: 1. ___ 2. ___ 3. ___ 4. ___ 5. ___

Nails: 1. ___ 2. ___ 3. ___ 4. ___ 5. ___

Toes: 1. ___ 2. ___ 3. ___ 4. ___ 5. ___

Sole: 1. ___ 2. ___ 3. ___ 4. ___ 5. ___

Foot massage? Yes:___ No:___ Maybe:___

Foot play?   Yes:___ No:___ Maybe:___

Smell: 1. ___ 2. ___ 3. ___ 4. ___ 5. ___

Taste: 1. ___ 2. ___ 3. ___ 4. ___ 5. ___

Socks: 1. ___ 2. ___ 3. ___ 4. ___ 5. ___

Shoes: 1. ___ 2. ___ 3. ___ 4. ___ 5. ___

Name:________________________________**Number:**______________

Size: **Small**___ **Medium**___ **Large** ___

Ankle: 1. ___ 2. ___   3. ___   4. ___   5. ___

Arch: 1. ___ 2. ___   3. ___   4. ___   5. ___

Nails: 1. ___ 2. ___   3. ___   4. ___   5. ___

Toes: 1. ___ 2. ___   3. ___   4. ___   5. ___

Sole: 1. ___ 2. ___   3. ___   4. ___   5. ___

Foot massage? **Yes:**___ **No:**___ **Maybe:**___

Foot play?   **Yes:**___ **No:**___ **Maybe:**___

Smell: 1. ___ 2. ___   3. ___   4. ___   5. ___

Taste: 1. ___ 2. ___   3. ___   4. ___   5. ___

Socks: 1. ___ 2. ___   3. ___   4. ___   5. ___

Shoes: 1. ___ 2. ___   3. ___   4. ___   5. ___

Name:________________________________**Number:**________________

Size: **Small**___ **Medium**___ **Large** ___

Ankle: **1.** ___ **2.** ___ **3.** ___ **4.** ___ **5.** ___

Arch: **1.** ___ **2.** ___ **3.** ___ **4.** ___ **5.** ___

Nails: **1.** ___ **2.** ___ **3.** ___ **4.** ___ **5.** ___

Toes: **1.** ___ **2.** ___ **3.** ___ **4.** ___ **5.** ___

Sole: **1.** ___ **2.** ___ **3.** ___ **4.** ___ **5.** ___

Foot massage? **Yes:**___ **No:**___ **Maybe:**___

Foot play?   **Yes:**___ **No:**___ **Maybe:**___

Smell: **1.** ___ **2.** ___ **3.** ___ **4.** ___ **5.** ___

Taste: **1.** ___ **2.** ___ **3.** ___ **4.** ___ **5.** ___

Socks: **1.** ___ **2.** ___ **3.** ___ **4.** ___ **5.** ___

Shoes: **1.** ___ **2.** ___ **3.** ___ **4.** ___ **5.** ___

Name:________________________________Number:______________

Size: Small__   Medium__   Large __

Ankle: 1. __   2. __   3. __   4. __   5. __

Arch: 1. __   2. __   3. __   4. __   5. __

Nails: 1. __   2. __   3. __   4. __   5. __

Toes: 1. __   2. __   3. __   4. __   5. __

Sole: 1. __   2. __   3. __   4. __   5. __

Foot massage?   Yes:__ No:__ Maybe:__

Foot play?   Yes:__ No:__ Maybe:__

Smell: 1. __   2. __   3. __   4. __   5. __

Taste: 1. __   2. __   3. __   4. __   5. __

Socks: 1. __   2. __   3. __   4. __   5. __

Shoes: 1. __   2. __   3. __   4. __   5. __

Name:_________________________________**Number:**_______________

Size: **Small**___ **Medium**___ **Large** ___

Ankle: 1. ___ 2. ___ 3. ___ 4. ___ 5. ___

Arch: 1. ___ 2. ___ 3. ___ 4. ___ 5. ___

Nails: 1. ___ 2. ___ 3. ___ 4. ___ 5. ___

Toes: 1. ___ 2. ___ 3. ___ 4. ___ 5. ___

Sole: 1. ___ 2. ___ 3. ___ 4. ___ 5. ___

Foot massage? Yes:___ **No:**___ **Maybe:**___

Foot play?   Yes:___ **No:**___ **Maybe:**___

Smell: 1. ___ 2. ___ 3. ___ 4. ___ 5. ___

Taste: 1. ___ 2. ___ 3. ___ 4. ___ 5. ___

Socks: 1. ___ 2. ___ 3. ___ 4. ___ 5. ___

Shoes: 1. ___ 2. ___ 3. ___ 4. ___ 5. ___

Name:________________________________Number:______________

Size: Small___ Medium___ Large ___

Ankle: 1. ___ 2. ___ 3. ___ 4. ___ 5. ___

Arch: 1. ___ 2. ___ 3. ___ 4. ___ 5. ___

Nails: 1. ___ 2. ___ 3. ___ 4. ___ 5. ___

Toes: 1. ___ 2. ___ 3. ___ 4. ___ 5. ___

Sole: 1. ___ 2. ___ 3. ___ 4. ___ 5. ___

Foot massage? Yes:___ No:___ Maybe:___

Foot play? Yes:___ No:___ Maybe:___

Smell: 1. ___ 2. ___ 3. ___ 4. ___ 5. ___

Taste: 1. ___ 2. ___ 3. ___ 4. ___ 5. ___

Socks: 1. ___ 2. ___ 3. ___ 4. ___ 5. ___

Shoes: 1. ___ 2. ___ 3. ___ 4. ___ 5. ___

Name:_______________________________**Number:**_______________

Size: **Small**___   **Medium**___   **Large** ___

Ankle: 1. ___   2. ___   3. ___   4. ___   5. ___

Arch: 1. ___   2. ___   3. ___   4. ___   5. ___

Nails: 1. ___   2. ___   3. ___   4. ___   5. ___

Toes: 1. ___   2. ___   3. ___   4. ___   5. ___

Sole: 1. ___   2. ___   3. ___   4. ___   5. ___

Foot massage?   Yes:___ No:___ Maybe:___

Foot play?   Yes:___ No:___ Maybe:___

Smell: 1. ___   2. ___   3. ___   4. ___   5. ___

Taste: 1. ___   2. ___   3. ___   4. ___   5. ___

Socks: 1. ___   2. ___   3. ___   4. ___   5. ___

Shoes: 1. ___   2. ___   3. ___   4. ___   5. ___

Name:_________________________________Number:_______________

Size: Small___   Medium___   Large ___

Ankle: 1. ___   2. ___   3. ___   4. ___   5. ___

Arch: 1. ___   2. ___   3. ___   4. ___   5. ___

Nails: 1. ___   2. ___   3. ___   4. ___   5. ___

Toes: 1. ___   2. ___   3. ___   4. ___   5. ___

Sole: 1. ___   2. ___   3. ___   4. ___   5. ___

Foot massage?   Yes:___ No:___ Maybe:___

Foot play?   Yes:___ No:___ Maybe:___

Smell: 1. ___   2. ___   3. ___   4. ___   5. ___

Taste: 1. ___   2. ___   3. ___   4. ___   5. ___

Socks: 1. ___   2. ___   3. ___   4. ___   5. ___

Shoes: 1. ___   2. ___   3. ___   4. ___   5. ___

Name:_________________________________Number:_______________

Size: **Small**___ **Medium**___ **Large**___

Ankle: 1. ___ 2. ___ 3. ___ 4. ___ 5. ___

Arch: 1. ___ 2. ___ 3. ___ 4. ___ 5. ___

Nails: 1. ___ 2. ___ 3. ___ 4. ___ 5. ___

Toes: 1. ___ 2. ___ 3. ___ 4. ___ 5. ___

Sole: 1. ___ 2. ___ 3. ___ 4. ___ 5. ___

Foot massage? **Yes:**___ **No:**___ **Maybe:**___

Foot play? **Yes:**___ **No:**___ **Maybe:**___

Smell: 1. ___ 2. ___ 3. ___ 4. ___ 5. ___

Taste: 1. ___ 2. ___ 3. ___ 4. ___ 5. ___

Socks: 1. ___ 2. ___ 3. ___ 4. ___ 5. ___

Shoes: 1. ___ 2. ___ 3. ___ 4. ___ 5. ___

Name:________________________________Number:________________

Size: Small___ Medium___ Large ___

Ankle: 1. __ 2. ___ 3. ___ 4. ___ 5. ___

Arch: 1. __ 2. ___ 3. ___ 4. ___ 5. ___

Nails: 1. __ 2. ___ 3. ___ 4. ___ 5. ___

Toes: 1. __ 2. ___ 3. ___ 4. ___ 5. ___

Sole: 1. __ 2. ___ 3. ___ 4. ___ 5. ___

Foot massage? Yes:__ No:__ Maybe:__

Foot play?   Yes:__ No:__ Maybe:__

Smell: 1. __ 2. ___ 3. ___ 4. ___ 5. ___

Taste: 1. __ 2. ___ 3. ___ 4. ___ 5. ___

Socks: 1. __ 2. ___ 3. ___ 4. ___ 5. ___

Shoes: 1. __ 2. ___ 3. ___ 4. ___ 5. ___

Name:_______________________________**Number:**_______________

Size: **Small**___   **Medium**___   **Large** ___

Ankle: 1. ___ 2. ___ 3. ___ 4. ___ 5. ___

Arch: 1. ___ 2. ___ 3. ___ 4. ___ 5. ___

Nails: 1. ___ 2. ___ 3. ___ 4. ___ 5. ___

Toes: 1. ___ 2. ___ 3. ___ 4. ___ 5. ___

Sole: 1. ___ 2. ___ 3. ___ 4. ___ 5. ___

Foot massage? **Yes:**___ **No:**___ **Maybe:**___

Foot play?   **Yes:**___ **No:**___ **Maybe:**___

Smell: 1. ___ 2. ___ 3. ___ 4. ___ 5. ___

Taste: 1. ___ 2. ___ 3. ___ 4. ___ 5. ___

Socks: 1. ___ 2. ___ 3. ___ 4. ___ 5. ___

Shoes: 1. ___ 2. ___ 3. ___ 4. ___ 5. ___

Name:_______________________________Number:______________

Size: **Small**___ **Medium**___ **Large** ___

Ankle: 1. ___ 2. ___ 3. ___ 4. ___ 5. ___

Arch: 1. ___ 2. ___ 3. ___ 4. ___ 5. ___

Nails: 1. ___ 2. ___ 3. ___ 4. ___ 5. ___

Toes: 1. ___ 2. ___ 3. ___ 4. ___ 5. ___

Sole: 1. ___ 2. ___ 3. ___ 4. ___ 5. ___

Foot massage? Yes:___ No:___ Maybe:___

Foot play?   Yes:___ No:___ Maybe:___

Smell: 1. ___ 2. ___ 3. ___ 4. ___ 5. ___

Taste: 1. ___ 2. ___ 3. ___ 4. ___ 5. ___

Socks: 1. ___ 2. ___ 3. ___ 4. ___ 5. ___

Shoes: 1. ___ 2. ___ 3. ___ 4. ___ 5. ___

Name:______________________________**Number:**______________

Size:　　**Small___**　**Medium___**　**Large___**

Ankle:　1. ___　2. ___　3. ___　4. ___　5. ___

Arch:　1. ___　2. ___　3. ___　4. ___　5. ___

Nails:　1. ___　2. ___　3. ___　4. ___　5. ___

Toes:　1. ___　2. ___　3. ___　4. ___　5. ___

Sole:　1. ___　2. ___　3. ___　4. ___　5. ___

Foot massage?　**Yes:___　No:___　Maybe:___**

Foot play?　　**Yes:___　No:___　Maybe:___**

Smell:　1. ___　2. ___　3. ___　4. ___　5. ___

Taste:　1. ___　2. ___　3. ___　4. ___　5. ___

Socks:　1. ___　2. ___　3. ___　4. ___　5. ___

Shoes:　1. ___　2. ___　3. ___　4. ___　5. ___

Name:________________________________**Number:**________________

Size: Small___   Medium___   Large ___

Ankle: 1. ___   2. ___   3. ___   4. ___   5. ___

Arch: 1. ___   2. ___   3. ___   4. ___   5. ___

Nails: 1. ___   2. ___   3. ___   4. ___   5. ___

Toes: 1. ___   2. ___   3. ___   4. ___   5. ___

Sole: 1. ___   2. ___   3. ___   4. ___   5. ___

Foot massage? Yes:___ No:___ Maybe:___

Foot play?   Yes:___ No:___ Maybe:___

Smell: 1. ___   2. ___   3. ___   4. ___   5. ___

Taste: 1. ___   2. ___   3. ___   4. ___   5. ___

Socks: 1. ___   2. ___   3. ___   4. ___   5. ___

Shoes: 1. ___   2. ___   3. ___   4. ___   5. ___

Name:____________________________**Number:**______________

Size: Small___   Medium___   Large ___

Ankle: 1. ___   2. ___   3. ___   4. ___   5. ___

Arch: 1. ___   2. ___   3. ___   4. ___   5. ___

Nails: 1. ___   2. ___   3. ___   4. ___   5. ___

Toes: 1. ___   2. ___   3. ___   4. ___   5. ___

Sole: 1. ___   2. ___   3. ___   4. ___   5. ___

Foot massage? Yes:___ No:___ Maybe:___

Foot play?   Yes:___ No:___ Maybe:___

Smell: 1. ___   2. ___   3. ___   4. ___   5. ___

Taste: 1. ___   2. ___   3. ___   4. ___   5. ___

Socks: 1. ___   2. ___   3. ___   4. ___   5. ___

Shoes: 1. ___   2. ___   3. ___   4. ___   5. ___

Name:___________________________________Number:________________

Size: **Small**___   **Medium**___   **Large** ___

Ankle: **1.** ___ **2.** ___ **3.** ___ **4.** ___ **5.** ___

Arch: **1.** ___ **2.** ___ **3.** ___ **4.** ___ **5.** ___

Nails: **1.** ___ **2.** ___ **3.** ___ **4.** ___ **5.** ___

Toes: **1.** ___ **2.** ___ **3.** ___ **4.** ___ **5.** ___

Sole: **1.** ___ **2.** ___ **3.** ___ **4.** ___ **5.** ___

Foot massage? **Yes:**___ **No:**___ **Maybe:**___

Foot play?   **Yes:**___ **No:**___ **Maybe:**___

Smell: **1.** ___ **2.** ___ **3.** ___ **4.** ___ **5.** ___

Taste: **1.** ___ **2.** ___ **3.** ___ **4.** ___ **5.** ___

Socks: **1.** ___ **2.** ___ **3.** ___ **4.** ___ **5.** ___

Shoes: **1.** ___ **2.** ___ **3.** ___ **4.** ___ **5.** ___

Name:________________________________Number:________________

Size: Small__   Medium___   Large ___

Ankle: 1. __   2. ___   3. ___   4. ___   5. ___

Arch: 1. __   2. ___   3. ___   4. ___   5. ___

Nails: 1. __   2. ___   3. ___   4. ___   5. ___

Toes: 1. __   2. ___   3. ___   4. ___   5. ___

Sole: 1. __   2. ___   3. ___   4. ___   5. ___

Foot massage?   Yes:__   No:__   Maybe:__

Foot play?   Yes:__   No:__   Maybe:__

Smell: 1. __   2. ___   3. ___   4. ___   5. ___

Taste: 1. __   2. ___   3. ___   4. ___   5. ___

Socks: 1. __   2. ___   3. ___   4. ___   5. ___

Shoes: 1. __   2. ___   3. ___   4. ___   5. ___

Name:_______________________________Number:______________

Size: **Small**___   **Medium**___   **Large** ___

Ankle: 1. ___   2. ___   3. ___   4. ___   5. ___

Arch: 1. ___   2. ___   3. ___   4. ___   5. ___

Nails: 1. ___   2. ___   3. ___   4. ___   5. ___

Toes: 1. ___   2. ___   3. ___   4. ___   5. ___

Sole: 1. ___   2. ___   3. ___   4. ___   5. ___

Foot massage?   Yes:___ No:___ Maybe:___

Foot play?   Yes:___ No:___ Maybe:___

Smell: 1. ___   2. ___   3. ___   4. ___   5. ___

Taste: 1. ___   2. ___   3. ___   4. ___   5. ___

Socks: 1. ___   2. ___   3. ___   4. ___   5. ___

Shoes: 1. ___   2. ___   3. ___   4. ___   5. ___

Name:________________________________Number:______________

Size: **Small**___   **Medium**___   **Large** ___

Ankle: 1. ___   2. ___   3. ___   4. ___   5. ___

Arch: 1. ___   2. ___   3. ___   4. ___   5. ___

Nails: 1. ___   2. ___   3. ___   4. ___   5. ___

Toes: 1. ___   2. ___   3. ___   4. ___   5. ___

Sole: 1. ___   2. ___   3. ___   4. ___   5. ___

Foot massage? **Yes:**___ **No:**___ **Maybe:**___

Foot play?   **Yes:**___ **No:**___ **Maybe:**___

Smell: 1. ___   2. ___   3. ___   4. ___   5. ___

Taste: 1. ___   2. ___   3. ___   4. ___   5. ___

Socks: 1. ___   2. ___   3. ___   4. ___   5. ___

Shoes: 1. ___   2. ___   3. ___   4. ___   5. ___

Name:_______________________________Number:______________

Size: **Small___**   **Medium___**   **Large ___**

Ankle: **1. __**   **2. ___**   **3. ___**   **4. ___**   **5. ___**

Arch: **1. __**   **2. ___**   **3. ___**   **4. ___**   **5. ___**

Nails: **1. __**   **2. ___**   **3. ___**   **4. ___**   **5. ___**

Toes: **1. __**   **2. ___**   **3. ___**   **4. ___**   **5. ___**

Sole: **1. __**   **2. ___**   **3. ___**   **4. ___**   **5. ___**

Foot massage? **Yes:__ No:__ Maybe:__**

Foot play?   **Yes:__ No:__ Maybe:__**

Smell: **1. __**   **2. ___**   **3. ___**   **4. ___**   **5. ___**

Taste: **1. __**   **2. ___**   **3. ___**   **4. ___**   **5. ___**

Socks: **1. __**   **2. ___**   **3. ___**   **4. ___**   **5. ___**

Shoes: **1. __**   **2. ___**   **3. ___**   **4. ___**   **5. ___**

Name:_________________________________**Number:**______________

Size: **Small**___ **Medium**___ **Large** ___

Ankle: 1. ___ 2. ___ 3. ___ 4. ___ 5. ___

Arch: 1. ___ 2. ___ 3. ___ 4. ___ 5. ___

Nails: 1. ___ 2. ___ 3. ___ 4. ___ 5. ___

Toes: 1. ___ 2. ___ 3. ___ 4. ___ 5. ___

Sole: 1. ___ 2. ___ 3. ___ 4. ___ 5. ___

Foot massage? Yes:___ **No:**___ **Maybe:**___

Foot play? **Yes:**___ **No:**___ **Maybe:**___

Smell: 1. ___ 2. ___ 3. ___ 4. ___ 5. ___

Taste: 1. ___ 2. ___ 3. ___ 4. ___ 5. ___

Socks: 1. ___ 2. ___ 3. ___ 4. ___ 5. ___

Shoes: 1. ___ 2. ___ 3. ___ 4. ___ 5. ___